Peter R. Bruppacher
Neues Denken, neue Chancen

Für Herr Stenzl
zur ruhigen
Lektüre.
P. [illegible]
Nov. 1989

Neues Denken, neue Chancen

Unternehmer über modernes Unternehmertum

Herausgeber:
Peter R. Bruppacher

Verlag Neue Zürcher Zeitung

Druck: NZZ Fretz AG, Zürich
Einband: Buchbinderei Burkhardt, Mönchaltorf
ISBN 3 85823 254 8

Inhaltsübersicht

Vorbemerkung des Herausgebers

Die Idee zum vorliegenden Buch ging aus vielen persönlichen Gesprächen hervor, die ich seit geraumer Zeit mit einigen Freunden und Bekannten führte. In persönlichen Begegnungen entdeckten wir Schritt für Schritt eine Reihe von Problemen, die uns gemeinsam beschäftigen. Nach und nach gesellten sich weitere, ähnlich denkende Persönlichkeiten zum nun erweiterten Autorenkreis, und der Entschluss lag nahe, die zunächst privat und unter Freunden geäusserten Gedanken zu veröffentlichen.

Jeder spürte auf seine Weise den Kern einer gemeinsamen Überzeugung, die darin ruht, durch die Überwindung des einseitig materialistischen Substanzdenkens neue Perspektiven für unsere kulturelle und wirtschaftliche Entwicklung zu eröffnen.

Sowohl die Veröffentlichung unserer Gedanken als auch der Entschluss, die Pestalozzi-Stiftung für die Förderung der Ausbildung von Jugendlichen aus schweizerischen Berggegenden zum Nutzniesser unseres Projektes zu machen, soll unmissverständlich zum Ausdruck bringen, dass es uns ernst ist mit der Absicht, rechtzeitig einen Beitrag an eine menschengerechte Zukunft zu leisten, so dass unsere Kinder sich in der Welt von morgen wohlfühlen dürfen.

All meinen Mitautoren sowie Herrn Dr. Stephan Schmidheiny, der das Geleitwort beigesteuert hat, möchte ich an dieser Stelle herzlich dafür danken, dass sie sich neben ihrem ausgefüllten Alltag die Mühe genommen haben, einen Beitrag für das hier vorliegende Buch zu verfassen und Einblick in ihre ganz persönliche Denkweise und Geisteshaltung zu gewähren.

Peter R. Bruppacher

Dank

Ich finde die Idee, jüngere Unternehmer in einem Buch über «Neues Denken – Neue Chancen» zu Worte kommen zu lassen, ausgezeichnet. Sie werden in den nächsten Jahren unser Wirtschaftsumfeld Schweiz mitzugestalten haben und damit auch Einfluss auf unsere Jugend nehmen. Die Buchautoren verzichten auf ihr Honorar zugunsten der Pestalozzi-Stiftung.

Die Pestalozzi-Stiftung übernimmt die Aufgabe, unseren Jugendlichen aus Berggebieten mit Beiträgen und unverzinslichen Darlehen eine zweckmässige Schulung zu ermöglichen. Auf diese Weise sind in den letzten zehn Jahren annähernd 6 Millionen Franken an rund 1200 Jugendliche, Mädchen und Burschen, aus dem Berggebiet ausbezahlt worden, was ihnen gestattet hat, eine Mittelschule, Hochschule oder eine geeignete Berufslehre zu absolvieren.

Ich möchte den Autoren des vorliegenden Buches herzlich danken für die grosszügige Unterstützung der Pestalozzi-Stiftung durch Verzicht auf Honorare und Nebenrechte. Ihr Entgegenkommen kommt Jugendlichen aus dem schweizerischen Berggebiet zugute, die mit dieser Hilfe eine zielgerichtete Ausbildung geniessen dürfen und damit auch der schweizerischen Wirtschaft einen Dienst erweisen können.

Dr. Fritz Honegger
alt Bundesrat und
Präsident der
Pestalozzi-Stiftung

Geleitwort

Suchen nach Mass und Sinn

Alles Lebendige wächst und vergeht. Unsere Zeit erlebt Wachstum und Umbruch in einer Geschwindigkeit und in Dimensionen, die sich nur in exponentiellen Zahlenreihen darstellen lassen. Wie werden die Menschen diese Entwicklung bewältigen? Und wie wird die Natur eine sich exponentiell ausbreitende Menschheit verkraften?

Unternehmer müssen sich heute mit solchen Fragen auseinandersetzen. Es genügt nicht mehr, im Sinne der Marktforschung zu fragen, wohin die Reise führt. Wir müssen die Frage stellen und – jeder einzelne für sich – beantworten, welches die Ziele unseres Lebensweges sein sollen. Gemeinsam, als Ausdruck eines politischen Willens, müssen wir entscheiden, wie wir die Zukunft nicht nur erleben, sondern auch gestalten wollen. Dabei werden wir mit vielen Unsicherheiten, komplexen Fragestellungen und schwierigen Wertentscheidungen konfrontiert sein. Wieviel Anstrengung, welchen Verzicht ist uns die Erhaltung einer lebenswerten Umwelt für unsere Nachkommen wert? Gibt es Grenzen, und wenn ja, welche, an denen die wissenschaftliche Forschung und ihre Umsetzung in technischen Fortschritt aus übergeordneten Gründen der Ethik haltmachen müssen? Was bedeutet «Führung» in einer Welt, in der die traditionellen Wertmassstäbe und mit ihnen die Zielorientierung verlorengehen?

Wir alle glauben, jeden Tag dringendere Geschäfte erledigen zu müssen, als solchen Fragen nachzugehen. Aber letztlich, in einer längerfristigen Betrachtungsweise, haben wir nichts Wichtigeres zu tun, als überzeugende Antworten auf diese Fragen und praktikable Lösungen zu finden. Dabei werden die bewährten, traditionellen Denkmuster und Grundhaltungen allein nicht genügen. Ein neues Denken ist Voraussetzung, um in unserer Zukunft neue Chancen zu finden und wahrzunehmen.

Ich begrüsse und unterstütze die Initiative, die eine Reihe von Autorinnen und Autoren meiner Generation veranlasst hat, für einige

Stunden ihre dringenden Alltagsgeschäfte wegzulegen, um sich wichtigen Zukunftsfragen zuzuwenden. Sie haben Aussagen gemacht, mit denen sie nicht nur andere ansprechen, sondern auch sich selber in die Pflicht nehmen.

Die Bereitschaft zu kommunizieren setzt die Anstrengung voraus, über den eigenen Standpunkt nachzudenken. Aussagen über die Zukunft rufen nach dem Willen zur Gestaltung und der Bereitschaft zum entsprechenden Einsatz. Aus dieser Grundhaltung erwächst in unserer Zeit und in Zukunft die Legitimation zur Führung: Gestaltungswillen, Einsatzbereitschaft und die Fähigkeit, argumentierend zu kommunizieren, müssen denjenigen auszeichnen, der im Aufbruch zu neuen Chancen Führungsverantwortung übernehmen will.

Unsere Wohlstandsgesellschaft, ein Erfolg motiviert arbeitender Menschen in einer marktwirtschaftlichen Ordnung, hat die Tendenz zur Masslosigkeit. Mit dem Verlust des Sinnes geht zumeist auch das Bewusstsein des Masses verloren. Angesichts eines solchen Zeitgeistes tut für alle, die Verantwortung tragen, Besinnung not. Ein klares Bewusstsein um den Sinn unseres Daseins, erstrebenswerte Ziele und ein gesundes Mass werden uns helfen, in unserer Zeit neue Chancen zu finden.

Dieses Buch möchte Ansporn für die Menschen sein, die in der Wirtschaft nicht nur ein Auskommen suchen, sondern bereit sind, Verantwortung zu tragen und Zukunft zu gestalten.

Stephan Schmidheiny

Fides P. Baldesberger

Gibt es einen «männlichen» bzw. «weiblichen» Führungsstil?

Sicher stösst zwar eine Frau auch heute noch auf enorme Anfangsschwierigkeiten, die vor allem aus Vorurteilen erwachsen, dass die Frau den Ansprüchen von Führungskräften nicht gewachsen sei. Der Anfang eines Karriereganges erfordert deshalb für Frauen eine gute Portion Mut, Ausdauer und Zielstrebigkeit, was sich jedoch später bei der Konfrontation mit Alltagsproblemen, die für Mann und Frau gleich sind, nur als Vorteil auswirkt. Denn man hat sich dann bereits eine gewisse Routine, Gelassenheit, Distanz und, ich würde sagen, Eleganz angeeignet. Einen ganz persönlichen Führungsstil, da die ersten Probleme und Vorurteile ja auch von Situation zu Situation ganz individuell zugeschnitten sind. Und da wären wir schon beim Kern, nämlich beim heute so wichtigen persönlichen, individuellen, charismatischen Führungsstil. Und ausserdem, fallen etwa den Männern die Lorbeeren so einfach in den Schoss?!

Sicherlich ist in Europa zurzeit ein leichter Modetrend festzustellen, weibliche Kaderleute einzustellen, während in den USA bereits Vorschriften bestehen, einen gewissen Prozentsatz weiblichen Personals für verantwortungsvolle Stellen einzusetzen, da die berufstätige Frau dort zu den Minderheiten gehört wie z.B. Minderheitsrassen. Somit ist sicher das Jahrhundert angebrochen, wo der berufstätigen Frau der Weg offen steht, falls sie überhaupt Karriere machen will.

Hat eine Frau die Anfangsschwierigkeiten überwunden, gestalten sich nachher die weiteren Problemstellungen für Mann und Frau eigentlich gleich. Aber sie werden ganz verschieden angegangen und führen deshalb oft auch zu verschiedenen Strategien. Der springende Punkt jedoch ist, dass der Unterschied nicht zwischen einer «typisch männlichen» und einer «typisch weiblichen» Art und Weise, ein Problem anzugehen, liegt, wie leider nur zu oft immer wieder betont wird, sondern bei der Persönlichkeit. Und das Individuum, männlich oder weiblich, wird nebst seiner natürlichen Veranlagungen und Neigungen auch von der Lebenserfahrung, der Ausbildung und Berufserfahrung geprägt. Besonders die beiden letzteren neigen dazu, bei Frauen oft anders auszusehen als bei Männern, können aber eben auch bei diesen sehr unterschiedlich sein.

Frauen ergreifen heute noch oft durch Zufall eine Karriere und sind dann deshalb in ihrem Beruf oft nicht spezifisch ausgebildet. Vor- oder Nachteil?

Ich würde diese Tatsache aus eigener Erfahrung eher als Vorteil einstufen. Sie verhilft zu Einfallsreichtum und unkonventionellerem Vorgehen. Es ist ein Vorteil, bei unvorhergesehenen Situationen weniger blockiert und flexibler zu sein und eine Problematik freier anzugehen. Denn bevor eine Entscheidung in einem solchen Fall gefällt wird, hat eine Managerfrau, die nicht vom Fach ist, die eindeutige Tendenz, mehr Informationen und Ratschläge von Aussenstehenden einzuholen, die sie dann sehr sorgfältig und vor allem eben meist sehr unkonventionell abwägt. Denn sie darf sich ja als Frau keine Fehler leisten und kann ja auch nicht selbstherrlich auf ein Schema X aus ihrer professionellen Ausbildung zurückgreifen. Und selbst wenn sie letzteres könnte, würde sie es kaum tun, denn zu Recht folgt sie vorzugsweise ihrer Intuition, der natürlich durch die eingeholten Informationen eine genau analysierte Situation zu Grunde liegt. Damit fällt sie oft Entscheidungen, die eben genau auf die Situation zugeschnitten sind, und nicht konventionelle, wie man sie «normalerweise» fällen würde. Denn in der heutigen Welt, die sich ständig von Tag zu Tag ändert, können die Standard- und Schemaentscheidungen und -lösungen nicht mehr angewandt werden.

Die heutigen Unternehmerinnen, die ja eigentlich ganz neu in diesem Beruf sind, müssen gar nicht erst umlernen, da sie von der Art und den gegebenen Umständen automatisch zu einem intuitiven Unternehmerstil tendieren. Also doch ein weiblicher Stil?

Nein, denn auch die Herren Manager werden sich immer mehr bewusst, dass die Patententscheide, die man cool und sachlich nach Schema X fällt, nicht mehr funktionstüchtig sind. Denn die Welt ändert sich zu schnell, der unbekannten und unverhofften Faktoren sind zu viele.

Heute neue Umweltgesetze, morgen neue Sozialgesetze, übermorgen die Konkurrenz aus China, wo es gestern erst noch Taiwan war, und der Tag danach 1992. Es bedarf heute einer ausserordentlichen Flexibilität und Teamarbeit, sei es nun für Herrn Unternehmer oder Frau Unternehmerin. Aber Frau Unternehmerin hat sich von jeher nicht sehr schwer mit der Flexibilität getan. Hat sie doch schon eh und je Ehe, Kinder, Haushalt und manches mehr unter ein Dach gebracht. Flexibilität ist also für die meisten Frauen keine Unbekannte. Sie wird bei den Unternehmerinnen einfach umfunktioniert.

Ein heute klar eingetretener Wechsel im Führungsstil führt weg von der früher so grossgeschriebenen Autorität. Der autoritäre, militärhafte Führungsstil versagt heute gänzlich. Er hat der Motivation Platz gemacht. Frauen gliedern sich zweifelsohne bedeutend besser in den neuen, motivierenden Führungsstil ein als in einen autoritären, da die Frau als solche oft nicht a priori als autoritär gilt.

Leute heute zu motivieren ist anderseits ein oft nicht einfaches Unterfangen, ob Mann oder Frau. Um andere zu motivieren, braucht man zuerst für sich selbst eine gute Portion Lebensfreude, welche die Unternehmer/innen aus der Lust und der Freude am Managen und dem Leben ganz allgemein schöpfen. Dem Unternehmertum also, das mithilft, die Welt zu verändern, neue Ideen zu kreieren, sie weiterzuentwickeln, auszuführen und mit Erfolg zu verwirklichen. Einer allein schafft dies aber in der heutigen Welt nicht mehr. Denn die Durchführung eines Projekts ist äusserst komplex geworden. Unternehmer sowie Unternehmerin sind also auf ein funktionstüchtiges Team angewiesen. Für die Frau ist aber auch Teamgeist und Teamarbeit keine Unbekannte, da sie seit jeher «Familienteamgeist» als aufbauende und zusammenhaltende Kraft der Familie kennengelernt hat.

Ein funktionstüchtiges Team bringt man aber nur mit motivierten Mitarbeitern zustande. Wie geht diese Motivation vor sich? Der erste Funke muss vom Enthusiasmus, der Persönlichkeit des Unternehmers/der Unternehmerin überspringen. Weiter müssen motivierte Mitarbeiter in ein neues Projekt voll einbezogen werden. Man kann sich nämlich nur wundern, was für ein Potential sich hier freilegt. Denn ist nicht die eigene Idee immer die beste? Mitarbeiter werden sich motiviert einsetzen, wenn ihre Ideen oder Teile ihrer Ideen verwirklicht werden, und der Teamgeist wird gefördert.

Ein weiteres schwieriges Unterfangen, aber ein ebenso wichtiges ist das Finden und der Aufbau eines Netzes von kompetenten Spezialisten. Und hier sehe ich den einzigen kleinen Nachteil der weiblichen Unternehmer. Denn wo finden sie die Gelegenheit, Referenzen, Ratschläge, Empfehlungen, Informationen einzuholen? In der männlichen Managerwelt geschieht das oft beim Militärdienst und besonders in Clubs wie Rotary, Lions, Zünften und so weiter, wo Frauen bis heute traditionsgemäss nicht zugelassen sind. Auch diesbezüglich tut sich jedoch verschiedenes. Seit letztem Jahr hat zum Beispiel bereits der Lions-Club die Statuten geändert, womit Frauen also theoretisch zugelassen wären. Doch man tut sich in der Praxis noch schwer . . . Was hingegen diplomatisch gesehen sehr ungeschickt ist, sind die neuen Gründungen von Frauenclubs, speziellen Frauenforen und dergleichen, die wiederum eben frauenspezifisch sind (siehe z. B. auch den Frauen-Lions-Club, als Contra zum Männer-Club, der in Genf gegründet wurde). Man will ja eben gerade aus dieser Frauenisolation und Frauenspezifikation ausbrechen und wegkommen, die nämlich im Beruflichen automatisch die alten Massstäbe von «inkompetent» heraufbeschwören. Wir Frauen kämpfen ja für die berufliche Gleichstellung und Integration in die männliche Berufswelt und sind ja auf dem besten Weg dorthin. Also sollten wir uns auf diesem erfolgreichen Weg nicht schon wieder absondern, bevor wir überhaupt am Ziel angekommen sind. Also ein Miteinander, nicht ein Gegeneinander.

Es braucht deshalb noch besonders viel Zeit und Ausdauer für Frauen, den externen Spezialistenstab zu finden. Auch er ein Zeichen des neuen Managerstils (des männlichen und weiblichen, versteht sich).

Nebst dem Finden von Spezialisten ist die Information für heutige Geschäftsführer/innen ebenfalls von grosser Wichtigkeit. Und hier können wir Frauen uns nicht beklagen. Ich habe immer wieder die Erfahrung gemacht, dass die männlichen Kollegen gerne bereit sind, Informationen weiterzugeben und einen zu unterstützen. Vermutlich erwächst dies aus der Tatsache, dass die Geschäftsmänner die Geschäftsfrauen ganz intuitiv nicht ganz als konkrete Konkurrenz betrachten.

Da die Unternehmerin in unseren Breitengraden noch eine Neuheit darstellt, ist sie als Person noch nicht definiert. Das gilt auch für ihre Art und Weise, ihren Stil, mit welchem sie ihr Unternehmen leitet und wie sie reagiert.

Oft habe ich eine gewisse Unsicherheit bei meinen männlichen Gegenübern festgestellt, vor allem auch, was die Umgangsformen anbetraf. Es gibt natürlich diesbezüglich grosse Unterschiede, die in der Tradition und den Sitten der verschiedenen Nationen liegen. Bei den Chinesen zum Beispiel bestehen gar keine Zweifel oder Unsicherheiten mit weiblichen Verhandlungspartnern, und Diskrepanzen beruhen eher auf Kleinigkeiten wie zum Beispiel auf dem kulturellen Bereich der Mahlzeiten, wo ein Refusieren von vorgesetztem Schlangenfleisch oder Fischaugen eine Geschäftsrelation (so unwahrscheinlich das klingen mag) zum Scheitern bringen kann und nicht die Tatsache, dass eine Frau statt ein Mann verhandelt. Die Chinesinnen selbst, jedenfalls die wenigen, die ich getroffen habe, sind äusserst charmante und talentierte Geschäftsfrauen. Auch in den USA trifft man als Geschäftsfrau auf wenig Widerstand. Hingegen sind die amerikanischen Geschäftsfrauen normalerweise etwas aggressiver. Diese Aggressivität sollten wir berufstätigen Frauen meiner Meinung nach tunlichst unterlassen. Denn sie wirkt sich nicht nur negativ auf das Bild der Geschäftsfrauen aus, sondern ebenfalls oft auf ihren Erfolg. Wieviel einfacher geht's doch mit etwas Diplomatie, Feingefühl und Professionalität. Meine Erlebnisse als Geschäftsfrau in Japan waren anfänglich natürlich sehr farbenreich und gehören zu meinen unvergesslichsten, ungeachtet der bekannten, bereits vorgegebenen Schwierigkeiten, ein Auslandprodukt nach Japan zu exportieren. Aber auch hier sind die praktischen Marktprobleme so stark im Vordergrund, dass ich mir schon lange des Frau/Mann-Problems nicht mehr bewusst bin. Und ob man sich zur Begrüssung die Hand reicht oder sich verneigt, ist ein generelles europäisch-japanisches Problem, eine Formsache und kein Mann/Frau-Problem . . .

Das «Problem Frau» tritt also vollkommen in den Hintergrund, während die Diskrepanz der verschiedenen Kulturen und Sitten ein viel grösseres Hindernis ist; für den Mann wie für die Frau. Eine Tatsache, die eigentlich wenig erwähnt wird.

Wie stellen sich die Schweizer die Unternehmerin denn vor? Ein besonderes Erlebnis ist mir diesbezüglich in Erinnerung geblieben. Während eines Treffens von berufstätigen Frauen meinte bei Tische eine Dame folgendes, als sie erfuhr, dass ich Unternehmerin war: Ich gäbe nun wirklich nicht den Anschein einer solchen, dazu sei ich viel zu ruhig, zu gelassen, zu wenig angriffslustig, ich scheine den Tag und das Mittagessen ja regelrecht ohne Stress und Nervosität zu geniessen. Wohlverstanden, dies trug sich an einem Samstag zu! Ich möchte in diesem Zusammenhang wirklich alle Unternehmerinnen und auch alle berufstätigen Frauen auffordern, nicht den gleichen Fehlern der männlichen sechziger, siebziger und frühen achtziger Managementjahre nachzueifern und die Karriere mit einem Herzkollaps zu beenden. Denn die Frauen haben es insofern schwieriger und können sich ein gestresstes Berufsleben viel weniger leisten, als sie ja noch die Familie und besonders die Kinder betreuen müssen. Klang das nicht eben wie ein Gegensatz? Anfänglich wurde doch behauptet, dass Frauen eigentlich keine besonderen Nachteile in der Karriere hätten. Das haben sie meiner Meinung nach auch nicht. Die Probleme liegen einfach anders als bei den Männern. Die Frauen stossen anfänglich oft auf beinahe unüberwindbare Probleme und Widerstände, während sie, wenn diese Anfangsprobleme einmal überwunden sind, eher mehr Vorteile haben, da sie nachher oft mit grosser Bewunderung und auch Respekt behandelt werden. Die Schwierigkeiten und Probleme sind einfach anders gelagert. Natürlich gehört zu diesen anders gelagerten Problemen auch, ob und wann man Kinder haben soll, was sicher das grösste Problem darstellt. Denn es ist wirklich unmöglich, den Beginn einer Karriere mit Kleinkindern zu vereinbaren. Es ist jedoch absolut möglich, eines nach dem andern in Angriff zu nehmen. Wie auch immer, zuerst Karriere, dann Kinder, oder umgekehrt. Wobei das erstere wahrscheinlich vorzuziehen wäre, wenn ein Unternehmen schon aufgebaut und durchorganisiert ist.

Wie eben schon angedeutet, ist die Hast und das Keine-Zeit-Haben wenig produktiv. Und auch hier hat sich der Unternehmerstil der früheren Jahre gewaltig geändert.

War früher das «Beschäftigtsein-und-keine-Zeit-Haben» geradezu das Attribut des grossen Unternehmers, beginnt man heute die negativen Seiten davon zu sehen. Die Musse und Zeit ist meiner Meinung nach eine der wichtigsten, wenn nicht unentbehrlichsten Notwendigkeiten eines Unternehmers/einer Unternehmerin. Wir Frauen sollten deshalb nicht zuerst in den alten Unternehmerstil verfallen, sondern eben in den müssigen, produktiven. Und sind wir nicht auch dazu von

Natur aus prädestiniert, da wir eben seit jeher die Zeit organisieren mussten, um Beruf, Kinder und Haushalt unter Kontrolle zu halten? Unternehmerinnen sollten deshalb ihre Zeit im Unternehmertum von Anfang an so organisieren, dass sie genügend Zeit für Musse haben. Warum ist die Musse so wichtig? Weil man nur in den müssigen Augenblicken neue Ideen entwickelt, umdenkt, die Dinge in einem andern Licht sieht und somit mit grosser Wahrscheinlichkeit die Dinge sehr viel flexibler und unkonventioneller löst und vor allem Abstand zum Tagesablauf gewinnt. Fehlt dieser Abstand, geschieht es eben nur allzu einfach, dass man die Dinge in der Hitze des Gefechtes viel zu subjektiv betrachtet, dabei eben nur allzu leicht andere einwirkende Faktoren vernachlässigt und somit nicht optimal entscheidet. Der allerwichtigste Aspekt der Musse ist jedoch die daraus fliessende Initiative und Kreativität für das Unternehmertum. Denn erst während der Musse findet man (und hier einmal mehr Mann und Frau) zu den so lebenswichtigen unternehmerischen Ideen. Hier beginnt das Phantasieren, das Brainstorming, dass man es doch einmal anders machen könnte, aus lauter Freude am Erneuern, am Wagen. Natürlich sehen dann diese enthusiastischen, freudigen Ideen, wenn man sie zu Papier und in die Realität bringt, oft ganz anders aus. Auch sollte natürlich ein Risiko genau abgeschätzt werden. Anderseits darf man nicht vergessen, dass viele Dinge in der Vergangenheit nicht existiert haben, nur weil sie zu absurd schienen und man sie gar nicht erst versucht hat.

Musse muss auch sein, damit man immer wieder Zeit für sich selbst findet und somit seine Persönlichkeit entwickelt. Wie, glauben Sie, wirkt wohl ein(e) gestresste(r), geplagte(r) Unternehmer(in) auf die Mitarbeiter? Wohl kaum sehr stimulierend. Und diese Impulse, die vom (von der) Unternehmer(in) auf die Mitarbeiter ausgehen, sind heute ja so wichtig geworden, da man sich nicht mehr wie einst von den Mitarbeitern fernhalten kann. Denn der (die) Chef(in) steht nicht mehr unantastbar und weit entfernt auf einem Podest, sondern ist den Mitarbeitern viel näher. Ein weiterer Grund, weshalb das Charisma der Unternehmer/innen so wichtig geworden ist, und somit sind wir bei der Unternehmenskultur angelangt.

Eine eigene, ganz persönliche Unternehmenskultur zu entwickeln, ist eine der interessantesten, kreativsten Aufgaben eines oder einer Unternehmers/Unternehmerin. Um eine solche aufzubauen, braucht es Zeit. Doch das Echo ist bald zu vernehmen; entweder positiv oder negativ und oft von Dritten nicht völlig erklärbar oder zu beschreiben. Einer meiner Kunden erklärt, dass er immer gerne zu uns auf Besuch käme, denn da herrsche immer eine ganz spezielle Atmosphäre, vielleicht sei das die weibliche Atmosphäre, die er nirgendwo anders anträfe.

Zur Atmosphäre einer Unternehmenskultur gehören natürlich ebenfalls ganz wichtige ethische, ökologische, spezielle kulturelle Richtlinien und Prinzipien. Der Unternehmer sowie die Unternehmerin, besonders die industriellen, haben heute in dieser Beziehung die viel grösseren Verpflichtungen der Welt gegenüber als früher. Denn Unternehmen, besonders Grossunternehmen, halten heute sicher einen Grossteil von Macht in ihren Händen und sind deshalb eben auch dafür verantwortlich.

Für das ökologische Problem werden in erster Linie die Industrieunternehmen zur Verantwortung gezogen. Zu Recht, sie waren ja auch die ersten, welche zur Umweltverschmutzung beitrugen. Doch haben sie eben für einen Konsumenten produziert, der ein Produkt so billig wie möglich einkaufen will. Es braucht also für ein Management eine rechte Portion Mut, ein teureres Produkt in einer ohnehin schon äusserst starken Konkurrenzwelt zu verkaufen, wenn es eben noch die Kosten für eine umweltfreundliche Produktion einrechnen will. Und mit Mut allein ist es dann auch noch nicht getan. Denn es braucht noch ein kreatives Marketing, um das teurere Produkt doch zu verkaufen.

Auch die Berufsethik findet man heute immer öfter auf dem sinkenden Schiff. Dieser Entwicklung kann man nur mit Grösse entgegenwirken. Die soziale Verantwortung liegt sicher auch insofern beim Unternehmer, als er den Mitarbeitern einen möglichst stimulierenden, umweltfreundlichen Arbeitsplatz besorgen sollte. Was die sozialen Leistungen betrifft, muss man sicher zuerst klar definieren, von welchem Land man spricht. In der Schweiz zum Beispiel sind sie gesetzlich oder gewerkschaftlich schon mehr als geregelt. Allerdings bleibt dahingestellt, ob immer zum besten für alle.

Und was hat letztlich ein(e) Unternehmer(in) zum kulturellen Bereich beizusteuern? Das Bestmögliche. Denn die Mäzene und Höfe von einst, die ganze Kulturen, Städte, Länder, Kunstrichtungen und Geisteshaltungen geschaffen haben, sind untergegangen. Und wer anders als die Unternehmen und Institutionen von Banken über Versicherungen zu Grossfirmen hat heute überhaupt noch die Mittel dazu? Die Terminologie nennt das heute zwar nicht mehr Mäzenatentum, sondern Sponsern. Und da beginnt schon die gefährliche Gratwanderung. Denn das «Sponsern» hat bereits schon den üblen Beigeschmack der gezielten Reklame zum eigenen Zweck und Nutzen. Ein äusserst komplexes Thema, da Kunst, Kultur und Zeitgeist nicht klaren Definitionen unterworfen sind, was deshalb vom Unternehmer einen enormen Aufwand, Zeit, Konzentration und Ausdauer erfordert.

Faszinierende Herausforderungen, die sich besonders auf männliche oder besonders auf weibliche Unternehmer beziehen? Wohl kaum. Einmal mehr eine Problemstellung, die sich für den Mann wie die Frau in gleicher Weise stellt.

Zusammenfassend sollte man sich fragen, was die sicherlich sehr schwierigen Anfangsprobleme der berufstätigen Frau schon bedeuten im Vergleich mit den so viel wichtigeren Problemen, die sie während ihrer Berufsjahre zu lösen haben wird.

Jedenfalls: Anforderungen und Probleme hin oder her, es macht gewaltig Spass, Unternehmerin zu sein.

Thomas W. Bechtler

Der Unternehmer im Wandel

Die öffentliche Meinung über den Unternehmer – sei er nun Eigentümer-Manager oder Entrepreneur im Arbeitsverhältnis – ist verschieden von Land zu Land und abhängig von den sozialen und wirtschaftlichen Gegebenheiten. Da als Innovator und Pionier gefeiert, wird der Unternehmer dort als Ausbeuter und Umweltzerstörer verdammt. Sein Bild wandelt sich von Ort zu Ort und im Lauf der Zeit.

Im internationalen Vergleich werden Status, Macht oder Gestaltungsfähigkeit und Effizienz des Unternehmers zweifellos in den Vereinigten Staaten am höchsten veranschlagt. Nicht nur in der Fachwelt, wie bei uns, sondern auch in der breiten Öffentlichkeit werden dort Erfolgsgeschichten einzelner Unternehmer und Firmenschicksale aufmerksam zur Kenntnis genommen und diskutiert. Nicht verwunderlich ist es deshalb, dass die Führungskräfte amerikanischer Grossunternehmen weltweit zu den Spitzenverdienern gehören. Auch in Japan kommt dem Unternehmer ein hoher Status zu, wobei – entsprechend der kollektiv orientierten östlichen Weltanschauung – die Unternehmung immer vor den individuellen Exponenten in der Öffentlichkeit erscheint.

In Europa ist das Bild gar von Land zu Land verschieden. In Deutschland und der Schweiz wird der Unternehmer höher eingestuft als beispielsweise in England. Ganz im Sinne der aristokratischen Lebensweise, welche die Erwerbsarbeit nie besonders hoch achtete, werden dort Politik und Wissenschaft der Wirtschaft vorgezogen.

Das Unternehmerbild in der Gesellschaft ist zudem stark geprägt von den jeweiligen sozialen und wirtschaftlichen Verhältnissen. Dass der Unternehmer in einer Periode ökonomischer Bedürftigkeit und zugleich enormen Wachstums wie beispielsweise der Nachkriegsphase in Deutschland höher eingestuft wird als in einer Zeit der Rezession und Arbeitslosigkeit, leuchtet ein. Die heutige günstige Beurteilung des Unternehmers und seiner Gestaltungskraft – man könnte sagen der heutige Frühling des Unternehmertums, geprägt von Aufbruchstimmung, Mut und Optimismus – fällt so auch in eine Phase mehrjährigen, nachhaltigen Wirtschaftswachstums. Doch, so muss man mit etwelcher Sorge fragen, setzt die Eule der Minerva vielleicht auch hier erst mit der eintretenden Dämmerung zu ihrem Flug an?

Es braucht auch günstige Rahmenbedingungen

Es scheint, dass die Gestaltungsfähigkeit und der Einflussbereich des Unternehmers in Zeiten des Aufschwungs und der dynamischen Wirtschaftsentwicklung über-, in Zeiten ökonomischer Schwierigkeiten hingegen eher unterschätzt werden. Die Unternehmer arbeiteten in den siebziger Jahren nicht weniger qualifiziert als in den achtziger Jahren. Für die dynamische Entwicklung einer Volkswirtschaft braucht es aber nicht nur weitsichtige und initiative Unternehmer, sondern auch günstige Rahmenbedingungen. Beide Faktoren sind als notwendige, für sich allein aber nicht zureichende Voraussetzungen zu werten. Unter den Rahmenbedingungen sind das Bildungswesen, das Rechtssystem, die Einstellung zur Arbeit, der soziale Friede, die Steuergesetzgebung, die Stabilität von Geldwert und Währung und die Geldversorgung von besonderer Bedeutung, wobei auch die Entwicklung auf dem Technologiesektor natürlich zum mitbestimmenden Umfeld gehört.

Hernando de Soto hat in seinem Bestseller «el otro sendero» die Hintergründe für die enorme Bedeutung des informellen Sektors in Peru untersucht und festgestellt, dass das Rechtssystem und ein grosser Teil der staatlichen Institutionen dort den unteren und untersten Schichten nicht zur Verfügung stehen und diese deshalb in die Schattenwirtschaft verdrängt werden. De Soto ist der Meinung, dass die für die gesellschaftliche Basis derart ungünstigen Rahmenbedingungen der wesentliche Grund für die schlechte Wirtschaftsentwicklung des Landes bilden. Das von ihm geführte «Instituto Libertad y Democracia» hat sich deshalb zum Ziel gesetzt, die Entwicklung Perus durch eine Verbesserung der Rahmenbedingungen und des Umfeldes für die Kleinunternehmer zu fördern[1].

[1] Vgl. Hernando de Soto: The Other Path, 1988.

Auch wenn sich die Anforderungen an den Unternehmer im Laufe der Zeit verändern, sollten doch die *konstanten Merkmale* nicht ausser acht gelassen werden. Voreilig sprechen wir heute vom «neuen Unternehmer» und übersehen, dass es sich oft nur um alten Wein in neuen Schläuchen handelt. Die Hauptfunktion des Unternehmers besteht und bestand immer darin, eine Organisation auf ein Ziel hin zu führen. Schumpeter sagt, diese «Funktion besteht ihrem Wesen nach weder darin, irgend etwas zu erfinden, noch sonstwie Bedingungen zu schaffen, die die Unternehmung ausnützt; sie besteht darin, dass sie Dinge in Gang setzt».

Zur Erfüllung dieser Funktion bedarf es in jeder Zeit der Kommunikations- und Führungsfähigkeiten, Menschenkenntnis, einer grossen Initiative und eines hohen Arbeitsethos, der charakterlichen Integrität, Weitsicht sowie des entsprechenden Sach- und Fachwissens. Im folgenden wollen wir aber drei Merkmale des Unternehmers herausarbeiten, von denen wir glauben, dass sie gerade heute besondere Bedeutung für den Erfolg haben. Diese drei Eigenschaften von Unternehmern stehen alle im Zusammenhang mit der Entwicklung von der Industrie- zur Dienstleistungs- und nachindustriellen Gesellschaft und den sich wandelnden Auffassungen und Werten.

Unvoreingenommenes, kritisches und vernetztes Denken

Die Gesellschaft besteht aus Systemen und Subsystemen. Jedes System grenzt sich gegen aussen ab, und im Innern gelten gewisse spezifische Erwartungen, Entscheidungskriterien, Wahrnehmungsmuster oder Denkmethoden. Für die heutige Zeit ist es nun charakteristisch, dass in Systemen – seien es nun Unternehmen, politische oder wissenschaftliche Systeme – plötzlich *an sich fremdartige Einflussfaktoren* auftreten, denen grosse Bedeutung zukommen kann.

Es ist ein besonderes Kennzeichen des heutigen Unternehmers, dass er sich ständig mit Atypischem, Neuem und Aussergewöhnlichem auseinandersetzen muss. Eine Voraussetzung dazu ist, dass derartige Einflussfaktoren überhaupt wahrgenommen und erkannt werden, was wiederum unvoreingenommenes und kritisches Denken voraussetzt. Routine, überlieferte Anschauungen und hergebrachte Denkmuster müssen deshalb laufend in Frage gestellt werden.

Zahlreiche Beispiele verdeutlichen das Gesagte. Zu Recht, aber meist in schwer voraussehbaren Situationen werden heute unternehmerische Entscheidungen mehr denn je der Frage nach der ethischen Vertretbarkeit unterzogen. Es kann sich um die Marketing-Strategie für Baby-Nahrung, um Grundsatzentscheide hinsichtlich des Bankgeheimnisses und Finanzplatzes Schweiz oder um Investitionsvorhaben in Südafrika handeln.

Unternehmerische Entscheide wie diese werden plötzlich mit ethischen Kriterien intensiv in der Öffentlichkeit debattiert. Dabei besteht zumal die Gefahr, dass die Proportionen verloren gehen und die moralisierenden Argumente übers Ziel hinausschiessen. Dies ändert nichts daran, dass die Folgen einer solchen Debatte für ein Unternehmen ausserordentlich schwerwiegend sein und weit über das zur Diskussion stehende Thema hinausgehen können.

Unvoreingenommenes und kritisches Denken, man könnte auch sagen ganzheitliches und vernetztes Denken, ist dadurch gekennzeichnet, dass es den Gesamtzusammenhang des Handelns und Entscheidens im Rahmen des übergeordneten gesellschaftlichen und politischen Systems berücksichtigt und letztlich die Fragen nach dem Wahren und Guten niemals ausblendet. Interessant ist dabei die Feststellung, dass die Änderung vorherrschender Meinungen und Beurteilungen sehr rasch vor sich gehen kann. Dies hat beispielsweise die Diskussion in der Schweiz um Firmenübernahmen, vinkulierte Namenaktien oder stille Reserven im Laufe des Jahres 1988 sehr deutlich gezeigt. Auffassungen und allgemein akzeptierte Denkmuster, an denen über Jahre festgehalten wurde, mussten in kurzer Kadenz überprüft und angepasst werden.

Ein anderes Beispiel, das dokumentiert, wie wichtig heute für den Unternehmer unvoreingenommenes und vernetztes Denken sind, betrifft die Auswirkungen der in den USA und nun auch in Europa zu beobachtenden Übernahmewelle auf die Aufgaben des Unternehmers. Zusätzlich zu seiner Hauptaufgabe, welche die Produkte und Märkte betrifft, muss er nun wieder vermehrt an den Aktionär und an Massnahmen denken, die den Aktienwert positiv beeinflussen. Er muss sich mit den Zusammenhängen befassen, die zwischen Übernahmegefahr und Börsenkapitalisierung einerseits sowie transparenter Informationspolitik, Dividendenpolitik und Kapitalkosten anderseits bestehen. Nicht zuletzt unter dem Druck des Auslandes und auf

Grund der Notwendigkeit, unsere Wirtschaft den Anforderungen von morgen anzupassen, ist zu erwarten, dass sich in der Schweiz in den nächsten Jahren die Transparenz der Rechnungslegung verbessern und die Ausschüttungsquote der Unternehmen erhöhen wird, was zu einer schrittweisen Annäherung der Börsenkapitalisierung der Schweizer Firmen an die überseeischen Verhältnisse führen sollte. In letzter Konsequenz werden die erfolgreichen Unternehmen in der Schweiz besser geschützt sein gegen Übernahmen – dank Erfolg, nicht dank Abwehrdispositiven.

Der Umgang mit hybriden Phänomenen

Der menschliche Geist liebt es, zu ordnen und zu strukturieren. Widersprüche, Interessengegensätze, Konflikte und Spannungen will der Mensch abbauen und ausblenden; es ist, wie wenn solche Phänomene sein Grundwohlbefinden stören würden. Diese Charakteristik des menschlichen Denkens führt dazu, dass immer wieder falsche und einseitige Theorien oder Vorstellungen über die Realität entstehen, die der komplexen und oft widersprüchlichen Natur der Welt nicht gerecht werden können.

Diesem Denkfehler erliegen auch Unternehmer, wenn sie sich ein Bild machen über den Markt, in dem sie tätig sind, über ihre Kunden oder über ihre Mitarbeiter. Sie gehen von einem homogenen Markt aus, von Kunden mit klar definierten Merkmalen oder schlagen die Mitarbeiter über einen Leisten. Oft entsprechen die Theorien der Unternehmer der Komplexität oder Widersprüchlichkeit der Realität nicht.

Sieht man genauer hin, so verschwindet der Einheitskunde, denn derselbe spart da und ist andernorts verschwenderisch, trägt heute Haute Couture und morgen Jeans. Derselbe Mitarbeiter ist hier berufsorientiert und ehrgeizig und dort ichbezogen, autoritätskritisch und narzisstisch. Derselbe Mensch ist hier ökologisch übersensibilisiert und dort ein Energieverschwender.

Der heutige Unternehmer muss mit hybriden Phänomenen umgehen können, die praktisch alle Lebensbereiche kennzeichnen. Er muss mit Widersprüchen und Interessengegensätzen leben können und seine Dispositionen darauf ausrichten. Das kann die Produkt- oder Marketingstrategie, die interne Führung und Organisation oder den Umgang mit den Mitarbeitern betreffen. Das Anspruchsvolle im Umgang mit hybriden Phänomenen besteht in den Auswirkungen auf die eigene Identität – die des Managers oder des Unternehmers. Wie wird die Identität definiert, wenn ein «Sowohl-als-auch» oder «Hier-so-und-da-anders» angezeigt ist?

Auch die Denkmethode des Unternehmers ist nicht einheitlich, sondern gleichsam janusköpfig. Gewisse Probleme eignen sich für die rationale Denkmethode, bei der Entscheidungen und Lösungen fast bewiesen werden, während andere Probleme eher mit intuitivem Denken gelöst werden können. Intuitionsbereiche sind beispielsweise die Menschenführung, solche, die langfristige Zukunftsprognosen implizieren wie Strategiefragen oder Investitionsentscheide sowie allgemeine Fragen der Innovation. Typisch für das intuitive Denken ist, dass Entscheidungen nicht abschliessend begründet werden können und immer ein Element der Willkür beinhalten. Das Denken des erfolgreichen Unternehmers muss immer beide Denkmethoden, die analytische und die intuitive, beinhalten, je nach dem zu lösenden Problem[1].

Verständnis für den modernen Menschen

Eine Managergeneration nach der andern wiederholt den Leitsatz, dass Menschen das wichtigste Kapital einer Unternehmung seien und Topmanagement «peoples-management» bedeute. Doch die Realität straft diese Deklamationen oft Lügen. Wie verhält sich ein Unternehmen, wenn ein Mitarbeiter flexiblere Arbeitszeit oder Teilzeitarbeit wünscht? Wie verhält sich ein Vorgesetzter, wenn sich ein Mitarbeiter unbequem, kritisch und autoritätskritisch verhält? Ist eine Geschäftsleitung bereit, mit einer Gruppe von Mitarbeitern ein offenes, selbstkritisches, konstruktives Gespräch aufzunehmen, wenn diese die Frage nach der ethischen Vertretbarkeit einer bestimmten Entscheidung aufwirft? Ist ein anderer Unternehmer bereit, den Forderungen seitens seiner Mitarbeiter nach mehr Transparenz und Publizität Rechnung zu tragen? Ist ein Unternehmer bereit, einem Mitarbeiter genügend freie Zeit einzuräumen, wenn dieser ein politisches Amt an seinem Wohnort übernehmen möchte?

[1] Vgl. Thomas W. Bechtler: Management und Intuition, 1987.

Die Anforderungen an den modernen Unternehmer hinsichtlich des richtigen Verhaltens gegenüber seinen Mitarbeitern haben sich in den letzten Jahren wesentlich verändert, denn die Gesamtbevölkerung hat einen grundlegenden Strukturwandel durchlaufen. In der Periode seit dem Zweiten Weltkrieg hat die Bevölkerung hinsichtlich einer Reihe von Parametern, vor allem betreffend Bildung und Einkommen, einen Quantensprung nach oben vollzogen. Die Ansprüche, die früher nur von einer Elite gestellt werden konnten, gelten heute für eine breite Mittelschicht der Gesellschaft und insbesondere für alle mittleren und oberen Kader der Unternehmen.

Neben Einkommen werden als Hauptfunktionen der Arbeit Sinnfindung, Selbsterfüllung, Freude, Zugehörigkeit und Stolz immer wichtiger. Das autonome Urteil, die ausgeprägte eigene Meinung, die Beschäftigung mit Fragen, die über die eigene Aufgabe hinaus das Gesamtunternehmen betreffen, die Infragestellung allen Handelns auf der Basis ethischer Kriterien, die eigenwillige Gestaltung und Planung des eigenen Lebens, das alles sind normale Facetten des modernen, kritischen und autonomen Zeitgenossen, sei es als Mitarbeiter oder Konsument[1]. Nur der Unternehmer, dem es gelingt, eine Unternehmenskultur und Unternehmensstruktur zu schaffen, in der sich die Menschen von morgen – für welche die oben umschriebenen Eigenschaften in noch ausgeprägterem Mass gültig sein werden – wohlfühlen, wird über das wichtigste Kapital für eine überdurchschnittliche Entwicklung seiner Unternehmung verfügen: motivierte, fähige, engagierte und integre Mitarbeiter.

So verlangt jede Zeit nach ganz spezifischen Fähigkeiten des Unternehmers. Aber nicht nur der vielbeschworene Zeitgeist ist dafür verantwortlich, sondern vor allem die Anforderungen der Märkte und Kunden. Zur flexiblen Bewältigung des heute anstehenden Strukturwandels, zur Ausrichtung der Unternehmen an die sich globalisierenden Märkte, zur Stimulierung von Innovation und Dynamik sind die konstant bleibenden Grundanforderungen an den Unternehmer notwendig. Sie müssen jedoch gepaart sein mit unvoreingenommenem,

[1] Vgl. Ulrich Beck: Risikogesellschaft; auf dem Weg in eine andere Moderne, 1986. Der Autor behandelt insbesondere das Thema der gesellschaftlichen Entwicklung in der BRD seit dem Zweiten Weltkrieg und spricht von einem «Fahrstuhleffekt» der Klassengesellschaft.

kritischem und vernetztem Denken, der Fähigkeit, mit hybriden Phänomenen und einer konfliktbehafteten Welt umgehen zu können, sowie schliesslich einem Verständnis für das Denken, die Motive und Beweggründe der modernen Menschen.

Peter R. Bruppacher

Neues Führungsdenken

Dem Zeitgeist auf der Spur

Wenn wir dem amerikanischen Physiker Fritjof Capra glauben dürfen, leben wir in einer Zeit epochaler Veränderungen, also einer Wendezeit. Vieles spricht dafür, nicht zuletzt die offensichtlich in Fluss geratene Beziehung des Menschen zur Zeit selbst, zur Entwicklung, zum Fortschritt, zur eigenen Lebenszeit und zur «Überlebenszeit» der Menschheit. Das neue Welt- und Menschenbild, das sich in den Wissenschaften, aber auch in den Lebens- und Erlebniswelten vieler Individuen ankündigt, zeigt noch kein einheitliches Profil. Verschiedene, oft widersprüchliche Trends künden sich gleichzeitig an. Noch lässt sich das zukünftige Selbstverständnis des Menschen erst erahnen. Sicher aber ist, dass unser Blick auf uns selbst und die Welt respektive Umwelt eine neue Perspektive finden muss.

Wir versuchen mit dieser Einleitung, die Facetten des Wandels, der vorab die europäischen Industrienationen ergriffen hat, auf zukünftige Möglichkeiten hin aufzuzeigen; Facetten und Fragmente gegenwärtiger Entwicklungstendenzen im Sinne einer Vision zusammenzufügen, konzentriert auf die Erlebniswelt der Führungskraft.

In meiner Tätigkeit als Unternehmensberater stelle ich in letzter Zeit im Gespräch mit jüngeren Führungskräften fest, dass spezifische Themen an Bedeutung gewinnen. Das Bild des Managers wandelt sich ständig, und mit ihm verändern sich die Anforderungen, die an Führungskräfte gestellt werden. Gesucht sind immer mehr Führungspersönlichkeiten, die auch als menschliche Vorbilder – als Leader – bestehen können.

Die industrielle Leistungsgesellschaft der sechziger, der siebziger und noch der frühen achtziger Jahre hat vor allem die Werte Produktivität, Individualität und Mobilität zu einseitig betrachtet. Allgemein herrschte eine passive Konsumhaltung und Anspruchsmentalität vor.

Es kam zu Sinnesentleerung und, was auch der Crash 1987 zeigte, zu einer vorübergehenden Orientierungslosigkeit. Einer der Gründe dieses nun schon wieder überwundenen Börsenzusammenbruchs lag sicher darin, dass die Spekulation auf riesige Gewinne den echten Stellenwert der Arbeit überdeckte. Die Arbeit als Begriff muss breiter gefasst und mit neuen Werten gefüllt werden.

Der Wert der Arbeit

Die Chance der Arbeit – verstanden als schöpferische Arbeit oder Beitrag zum Wohle der Gesellschaft und nicht als segmentierte reine Erwerbsbeschäftigung – liegt darin, den Menschen einen Bezugsrahmen, einen Sinneszusammenhang und, warum auch nicht, sogar Lust zu vermitteln. Arbeit im so erweiterten Sinne des Wortes ist daher der Beitrag des einzelnen zum Leben der Gemeinschaft, der Familie, der Firma, der Gemeinde und des ganzen Staates. Die berufliche Tätigkeit steht, so verstanden, in einer Dimension, welche über die Bedürfnisse des einzelnen hinausführt und so den Sinn der Tätigkeit entscheidend erweitert und eine umfassendere Befriedigungsmöglichkeit greifbar macht.

Dieser erweiterte Begriff der Arbeit bedingt ein neues Anforderungsprofil für Führungskräfte. Ein unternehmerisch mitdenkender Mitarbeiter braucht Freiräume, um er selbst zu sein, um sich entfalten zu können. Er braucht seinen eigenen Verantwortungsbereich, seine eigene «Spielwiese»; um selbständig als «Mitunternehmer» wirken zu können. Die Aufgabe von Führungskräften liegt demnach vermehrt auch darin, ein Klima der Freiheit zu schaffen und die Mitarbeiter durch die Kraft des ganzheitlichen und glaubwürdigen Vorbildes zu beflügeln.

Macht contra persönliche Stärke und Schwäche

Machtstreben allein macht keine Führungskräfte, geschweige denn Leader. Allzu oft versteckt sich hinter der Liebe zur Machtposition eine innere Leere, die den «herzlichen» Zugang zur Welt, zu Freunden und Mitarbeitern verbaut. Wer als «Superman» respektive Superfrau auftritt, verspricht sich von der Machtposition das Gefühl der Unverletzlichkeit. In Wirklichkeit kann uns aber nur der gekonnte, ganzheitlich menschliche Umgang miteinander vor Verletzlichkeit schützen. Hinter dem Machtstreben steckt in der Tat oft eine grundlegende Schwäche im Umgang mit anderen und mehr noch mit sich selbst. Verantwortung kann eine Führungspersönlichkeit nur übernehmen, wenn sie menschliche Nähe wagt, wenn sie sich und andere spürt. Wer seine Stärken und Schwächen kennt und diese auch offenbart, bekommt Profil. Wer dazu die Schwächen und Stärken seiner Umgebung akzeptiert, Fehler auch einmal erlaubt und das Eingeständnis von Angst nicht einfach verurteilt, der erhält natürliche Anerkennung, Autorität und Leaderfunktion.

An die Stelle unantastbarer, autoritärer Wirtschaftskapitäne und technokratischer Verwalter treten Unternehmer- und Managerpersönlichkeiten, deren ganzheitliches Profil in allen Lebensbereichen zum Tragen kommt. Die Manager der letzten 20 Jahre trennten sorgfältig zwischen unternehmerischem Engagement und Privatleben, zwischen Arbeits- und Freizeit. Diese Trennung war nicht nur zeitlich zu sehen, sondern griff tief in die Persönlichkeitsstruktur ein und konnte geradezu ein Leben in unbewusst herbeigeführter Spaltung, eine Art Doppelleben zur Folge haben.

Die neue Führungspersönlichkeit hingegen versucht, ihr gesamtes privates, kulturelles, soziales und politisches Umfeld in die unternehmerische Aufgabe zu integrieren. Die neuen Unternehmer leben ihre Ideen, ihre facettenreiche Persönlichkeit mit allen Stärken und Schwächen in allen Beziehungsfeldern.

Durch die Bereitschaft, Schwächen einzugestehen, ist die Voraussetzung für Teamarbeit gegeben, denn nur wer seine Stärken und Schwächen seinem Team bekanntgibt, ist in der Lage, im Team mitzuarbeiten und von diesem spontan Hilfeleistung zu erhalten. Durch das Offenlegen der eigenen individuellen Persönlichkeit, der Kanten und Ecken, werden diese neuen Führungskräfte als Vorbilder glaubhaft, gewinnen an menschlichem Profil und werden für Mitarbeiter wie für das weitere gesellschaftliche Umfeld erkennbar, fassbar und, wo sie Schwächen zeigen, auch entschuldbar.

Kreativität und Freude

In der autoritären, einseitig leistungsorientierten Unternehmenskultur trat das kreative, lebende Element der Arbeit in den Hintergrund.

Der Manager war in seinem Auftreten und Handeln ganz der Konvention verpflichtet. Präzise wie kaum ein anderer hat Peter Noll diesen Typ der Führungspersönlichkeit als graue Maus bezeichnet. Die graue Maus beschreibt er als einen farblosen, eintönigen, standardisierten, ja klischeehaften Manager, der in seiner puritanischen Überzeugung seine ganze Arbeitskraft, sein ganzes Denken und Fühlen nur dem Unternehmen widmet. So betreibt er auch in der Freizeit nur Sportarten, die ihn fit für das Geschäft halten, geht nur zu Veranstaltungen respektive Parties, um geschäftliche Beziehungen zu pflegen. Er tut nichts zum Vergnügen, sei es im Sport, in der Geselligkeit oder Arbeit. Er kennt also kaum Freude oder höchstens Schadenfreude.

Der Mensch jedoch ist nur dann kreativ, wenn er sich in einer gewissen Art und Weise in einem bewussten Widerspruch befindet. Zwischen Positionen der Stärke und der Schwäche, zwischen Falsch und Richtig, zwischen angenehmen und unangenehmen Umwelteinflüssen, zwischen gegenwartsbezogenen und zukunftsorientierten Gesichtspunkten.

Nur dank diesem Wechselspiel bleibt sein Denken in Bewegung, und je bewusster der Mensch zu seinen inneren Polaritäten stehen kann, um so grösser wird sein kreatives Potential. Seine Individualität und sein Ausleben auch von Emotionen erlauben das Suchen nach neuen Ideen. Die Kreativität steht direkt in einem Zusammenhang mit Not und Entbehrung, aber auch mit Lust und Freude.

Ganzheitliche Unternehmerpersönlichkeiten suchen daher auch in der Arbeit immer wieder, was ihnen Spass und Freude macht. Sie bringen ihr ganzes Leben an den Arbeitsplatz mit, verstehen sich im Beruf wie im Privatleben als Gestalter ihres eigenen Wesens im Sinne einer umfassenden Lebenskunst und betrachten das Unternehmen im positiven Sinne als eine Art Spielplatz.

Authentizität und Glaubwürdigkeit

Der ganze Mensch ist gefragt – auch im Bürosessel. Natürlich treten zwischen Familienleben und Beruf, zwischen privatem und geschäftlichem Verhalten Brüche oder Widersprüche auf. Wer sie aber sich und anderen eingesteht, ist auf dem Weg zum ganzheitlichen Selbstverständnis. Wer hingegen in jeder Situation einen anderen Teil seiner Individualität vertuscht, der verliert sich letztlich im Labyrinth des selbstinszenierten Versteckspiels.

Der Mensch braucht ein Umfeld, in dem er auch Fehler machen kann und darf. Fehler sind nicht einfach weisse Flecken in der sogenannten Superman-Maske, sondern Gelegenheiten, Neues über sich zu lernen, sich zu entwickeln. Wer also Fehler macht und diese zugibt, signalisiert menschliche Nähe. Wer sie aber versteckt, bleibt roh und ist peinlich. Wer Gefühle zeigt, beginnt damit auch, diese zu kultivieren und sie ins Gesamtbild der Persönlichkeit zu integrieren.

Das Eingeständnis der Grenzen, die dem eigenen Erkennen und Handeln gesetzt sind, wird zum Grundzug eines neuen Selbstverständnisses. Wer die Gegensätze von Stärken und Schwächen akzeptieren kann, kann diese auch verbinden. Wie oft peilen wir etwas an und stellen schliesslich fest, dass wir genau das Gegenteil des gesetzten Zieles erreicht haben. Wir müssen lernen, uns auch in solchen Fällen hinter das eigene Handeln zu stellen. Etwas in uns hat das Gegenteil gewollt, auch wenn wir dieses Etwas, diesen Teil unserer Individualität vielleicht noch nie zu Gesicht bekommen haben. «Die Heilung geschieht gerade, indem ich das unbewusst Gewollte als von mir gewollt anerkenne», schreibt Carl-Friedrich von Weizsäcker.

Ansatz für neues Denken

Die gesellschaftlichen, wirtschaftlichen und technologischen Veränderungen und der einhergehende Wandel in den Wertvorstellungen führt notgedrungen zu einer intensiven Auseinandersetzung mit neuen Denkansätzen. Verkrustete Denkhaltungen brechen auf, die Bereitschaft zu einem Umdenken, zur Suche nach neuen, verbindenden und verbindlichen Leitbildern für die Zukunft werden spürbar.

Um seine Offenheit erhalten zu können, muss das neue Denken auf feste Schablonen, Prinzipien und «Wahrheiten» verzichten. Wie in der neuen Physik gilt auch in der neuen Denkweise unserer Epoche, dass alles relativ ist – dass jeder Gedanke nur vorläufig gilt –, wenn sich die Rahmenbedingungen, die Verhältnisse in unserer Umwelt ändern. Das neue Denken lebt daher vor allem von der Sensibilität. Es steht zunächst allen Einflüssen aus seiner Umwelt offen. Es verfügt – wie wir heute sagen würden – über mehrere Terminals, die Informationen aus den Bereichen des Denkens, des Fühlens und des Erlebens gleichermassen verarbeiten und die sich miteinander in Beziehung setzen können. Weil es für die Ereignisse in seinem Umfeld offen bleibt, kann das ganzheitliche Denken nie zum abgeschlossenen System werden. Fein reagiert es auf jede Anregung, schnell passt es sich jeder Bewegung des Zeitgeistes an, aber es kann diesem – geleitet von der Intuition – auch weit vorauseilen.

Kreativ ist das neue, ganzheitliche Denken nur so lange, als es sich nicht im Gleichgewicht befindet, sondern laufend neue Lösungen für neue Widersprüche suchen muss. Es ist dem ständigen Wechselspiel zwischen den Positionen der Stärke und der Schwäche, zwischen Zuversicht und Angst, zwischen Gegenwart und Zukunft ausgesetzt. Es stellt Formeln, Rezepte und geschlossene Systeme von Vorstellungen in Frage, ohne diesen aber unbedingt zu misstrauen, denn es lässt uns täglich am eigenen Leib die inneren Widersprüche des Menschen entdecken, und es schöpft aus diesen laufend neu sein eigenes kreatives Potential. Der innere Widerspruch gewinnt dadurch einen unschätzbaren Wert. Im Umgang mit sich selbst kommt der Mensch zu Selbsterkenntnis. Wer sich selbst in seiner ganzen inneren Widersprüchlichkeit wahrnehmen will, muss auf Nuancen achten. Die Individualität jedes einzelnen zeigt sich nicht in Schwarzweisskontrasten, sondern in Zwischentönen und Schattierungen.

Die langjährige Tabuisierung von «Angst» und «Fehler» hat dazu geführt, dass diese Begriffe als verpönt galten und als Schwäche verurteilt wurden. Wir müssen lernen, sie offenzulegen und als eine natürliche und positive Regulier- und Lernfunktion zu betrachten.

Wie beim Bildhauer oder beim Maler geht es beim neuen Denken der Führungspersönlichkeit nicht mehr einfach um den Nachvollzug ein für allemal als richtig erkannter, konventioneller Verhaltensweisen, sondern um die Verwirklichung des eigenen Lebensentwurfs mit seinen individuellen Nuancen. Wie der Künstler begnügt sich die ganzheitliche Führungspersönlichkeit nicht mit Abbildern und vorgefertigten Normlösungen, sondern sucht einen eigenen kreativen Weg und formuliert neue Wertvorstellungen.

Neue Werte

Wir haben bis anhin in unserem Gedankengang zwischen einem philosophischen und einem ökonomischen Verständnis von Werten geschwankt. Es ging uns ja gerade darum, zu zeigen, dass auch die Werte, die von ökonomischer Bedeutung sind, nicht durchwegs im materialistisch Greifbaren aufgehen. Beide Aspekte – der ökonomische und der philosophisch-ethische – verbinden sich, wenn diese Werte im Alltag gelebt und zur Richtschnur des Handelns gemacht werden. Als Wert gilt, was Bedeutung hat.

Deutlicher lassen sich die verschiedenen Aspekte von Werten unterscheiden, wenn wir ihre Entstehung betrachten. Werte wurzeln hauptsächlich in der religiösen Grundlage der Kulturen. Zunächst handelt es sich um Vorstellungen, an die sich der Mensch durch ein Gefühl gebunden fühlt, nach denen er sein Handeln gefühlsmässig ausrichtet. Erst später wird aus dem Wert ein ethisches Gedankenkonzept, noch später vielleicht eine ökonomische Grösse oder eine juristische Norm.

Die Analyse unterschiedlicher Kulturen führt aber zur Erkenntnis, dass in allen eine Verehrung für die Natur besteht. Wir werden uns daher in allen Kulturen bewusst, dass wir von der Natur abhängig sind und sie uns als höhere Macht den Weg zum menschlichen Mass weisen kann.

Natur und Naturerhaltung spielen im Spektrum neuer Werte eine zentrale Rolle. Rechnen wir zusammen, was heute für die Verhinderung und die Beseitigung von Umweltschäden bereits ausgegeben wird und vor allem in der Zukunft noch ausgegeben werden muss, und legen wir diese Summen auf ein Stück Natur um – als handelte es sich dabei um ein Produkt, dessen Marktwert sich bestimmen lässt –, so finden wir die Spur, die das neue Denken der Ökonomie weist.

Was kostet ein Kubikmeter gesunde Luft in Franken und Rappen? Welchen Preis erzielt auf dem Markt ein Quadratmeter gesunder Boden oder ein Liter sauberes Wasser? Solche Überlegungen gilt es in zunehmendem Mass miteinzubeziehen, wo die wirtschaftliche Substanz eines Betriebes oder einer Region errechnet wird. Die Natur und namentlich die nicht regenerierbaren Ressourcen bilden wesentliche Aspekte zukünftiger Wertschöpfungen. Noch ist nicht allgemein zu Bewusstsein gelangt, dass umweltorientiertes Denken seine eigentliche ökonomische Bedeutung auf der Passivseite der Bilanz hat. Sofern wir beginnen, Umweltverschwender und -verschmutzer finanziell nach dem Verursacherprinzip zu belangen und dies nicht einfach pauschal und global für eine Gruppe, sondern pro Person oder pro Unternehmung erheben, erhalten wir die Basis für neue ökonomische Werte, nämlich den Betrag, der notwendig für die Verhinderung, respektive die Behebung einer Umweltbelastung ist. Nur die Entdeckung des positiven, ökonomischen Wertes der Natur kann uns dazu anleiten, die Werte der Umwelt und der Natur in unser marktwirtschaftliches, liberales Handeln zu integrieren. Wir müssen daher Wege suchen, um auch «Naturkapital» bilanzieren zu können.

Ähnlich wie der Regelkreis der Natur muss der Mensch oder das «Human Capital» neu betrachtet werden. Täglich und immer mehr werde ich mir in meiner Tätigkeit als Berater für Mergers & Acquisitions bewusst, dass die Methoden der Unternehmensbewertung, vor allem deren Substanzbewertung, mit dem Faktor «Human Capital» ergänzt werden müssen. Es erstaunt mich immer mehr, wie wenig auf den Wert dieser «Human Factors» geachtet wird. Dabei kostet es ein Grossunternehmen Millionen, wenn bei Mergers lebensfeindliche Strukturen ein gut funktionierendes Team zerstören oder brachliegende menschliche Fähigkeiten nicht erkannt und benutzt werden. Auch rechnerische Überlegungen führen daher zur Einsicht, dass wir von jenem einseitigen Ertragsdenken abrücken müssen, welches sich nur an einer materialistischen Vorstellung und an ökonomischer Substanz orientiert. Nicht nur Land, Geld und Portfolios verdienen es, zur Unternehmenssubstanz gerechnet zu werden, sondern zum Beispiel auch Ideen, Identifikation, Engagement, Leistungswille und Arbeitslust der Mitarbeiter.

Es ist Aufgabe der heutigen und zukünftigen Führungspersönlichkeiten, diese neuen oder teils auch wiederentdeckten Werte als Substanz zu betrachten und mit ihnen zu arbeiten. Je mehr einerseits der Regelkreis der Natur als Wertvorstellung, anderseits das brachliegende Potential von lustorientierten Personen anerkannt wird, um so kreativer, initiativer und erfolgreicher werden unsere Unternehmen in der Zukunft sein.

Fazit

Das spontane Verteidigen einer eigenen religiösen Naturverehrung lässt uns aus dem Grössenwahn des einseitigen Autonomiedenkens erwachen. Wir erkennen, dass wir nicht alles machen können und alles Machbare auch machen sollen. Insbesondere übersteigt die Komplexität der natürlichen Regelkreise unser Erkenntnisvermögen. Wir müssen daher lernen, nicht alles auch naturwissenschaftlich beweisen zu wollen. Wenn wir uns wieder als Teil der Natur verstehen wollen, um uns bewusst in sie hinein zu stellen, so müssen wir anerkennen, dass wir von ihr abhängig sind. Die Natur zeigt sich uns so als die höhere Macht, deren Anerkennung und Verehrung allen Menschen den Weg zurück zum menschlichen Mass weisen kann.

Die Relativierung der eigenen Person lehrt uns aber auch, die Bedeutung der eigenen Grenzen und Unvollkommenheiten zu verstehen. Erst wenn wir davon ausgehen, dass wir nicht alles machen können, lernen wir den Wert unserer Limiten, Kanten und Ecken hoch genug einzuschätzen. Die Frage ist nun nicht mehr, ob man Grenzen, Schwächen und Kanten hat oder nicht, die Frage ist vielmehr, ob man seine Grenzen – sein Profil – kennen und anerkennen gelernt hat und bereit ist, dazu zu stehen.

Zusammenfassende Thesen

Führungsansprüche bedürfen der Rechtfertigung.

Wer sich hinter Machtpositionen verschanzt, verrät einen Mangel an persönlicher Stärke.

Wer Schwächen eingesteht, wirkt stark und ist glaubhaft.

Authentizität als Haltung, die für Vertuschungsmanöver und Maskerade keine Energie verschwendet, ist glaubwürdig.

Wer mit der Forderung Ernst macht, ein neues Selbstverständnis zu entwickeln, das Umweltaspekte miteinschliesst, entdeckt die eigene innere Gegensätzlichkeit, nämlich, dass jeder Mensch die Umwelt belastet und zugleich ihr mitleidender Teil ist.

Der Verzicht auf Machtspiel und Superman-Maske legt mit dem inneren Gegensatz auch die individuellen Bedürfnisse bloss. Erst wenn wir die inneren Brüche wahrnehmen, erwacht die Sehnsucht nach Einheit.

Das Eingeständnis der eigenen inneren Gegensätzlichkeit wird zur Bedingung der Glaubwürdigkeit.

Das neue Denken führt zu einer radikalen Erweiterung des Substanzbegriffes und zur Entdeckung neuer Werte im Bereich unserer natürlichen Umwelt und des Menschen. Diese Werte bilden wesentliche Aspekte zukünftiger Wertschöpfung.

Gero Büttiker

«Public Affairs» und unternehmerische Zukunftssicherung

Es ist keine neue Einsicht, dass ein jedes Unternehmen in vielfacher Beziehung mit der Gesellschaft verbunden ist. Aber die Einsicht gewinnt gegenwärtig an Bedeutung und Aktualität. Fast alle Märkte, auf denen wir uns als Unternehmer und Manager bewegen, haben eine gesellschaftliche, politische, soziale und volkswirtschaftliche Dimension. Arbeitsmärkte, Finanzmärkte, Güter- und Dienstleistungsmärkte ziehen zunehmend öffentliches Interesse auf sich.

Unternehmen sind zwar individuelle Einheiten, aber sie leben in enger Beziehung zu einer komplexen Umwelt. Zwischen unternehmerischer Mikrowelt und gesellschaftlicher Makrowelt bestehen zahlreiche Verflechtungen. Die Umwelt, vom lokalen bis zum internationalen Massstab, setzt Rahmenbedingungen, öffnet Chancen und bedeutet Risiken für unternehmerisches Handeln und Verhalten. Deshalb sind «Public Affairs» für Unternehmer und Manager so wichtig: diese «öffentlichen Themen» bilden – ob wir dies wollen oder nicht – einen *prägenden Hintergrund für unsere Entscheidungen.* Nur wer die Rahmenbedingungen richtig einschätzt, die Chancen konsequent nutzt und die Risiken möglichst präventiv vermindert, wird langfristigen unternehmerischen Erfolg haben können.

Rasch ändernde Rahmenbedingungen

Nichts ist so konstant wie der Wandel. Vor zwanzig Jahren hätte wohl niemand die folgenden Trends vorausgesehen, die wahrscheinlich die kommenden zehn bis zwanzig Jahre massgeblich mitbestimmen werden:

– Weltwirtschaftliche Blockbildung in den Grossregionen Japan-Ostasien, USA, Europa mit einem teilweise aufholenden Lateinamerika und einem abfallenden Afrika; als eine der Folgen ein Zwang und eine Chance zur zunehmenden Internationalisierung der schweizerischen Volkswirtschaft und damit der schweizerischen Grossunternehmen.

– Rasche Zunahme der anfallenden und auch der relevanten Information bei gleichzeitig zunehmend weltweiter und unmittelbarer Verfügbarkeit; als eine Folge zunehmendes Gewicht der durch Medien vermittelten Information, weshalb nationale und internationale Medien einen immer grösseren Einfluss auf die öffentliche Meinung ausüben.

– Durchgreifende Bedeutung ökologischer Ansprüche und Kriterien für alle Lebensbereiche, insbesonders in Europa und USA, aber zunehmend auch weltweit; als eine Folge davon grosses Gewicht von Arbeitshygiene und Umweltschutz für die Unternehmungen, von denen auch ein weltweit einheitlicher Standard verlangt wird.

– Verdichtung der Gesetzeswerke und Verhärtung der juristischen Praxis auch in bezug auf unternehmerische Verantwortung; als eine Folge davon rasch zunehmende Bedeutung und Verschärfung insbesondere des Haftpflichtrechts, ähnlich der Situation in den USA.

Unternehmerische Entscheidungen werden in Anbetracht solcher Trends in Zukunft nicht einfacher zu treffen sein. Einerseits nimmt der internationale Konkurrenzdruck gerade auch für schweizerische Unternehmungen kontinuierlich zu; anderseits wächst der öffentliche, ökologische und legale Anspruch ebenfalls unaufhaltsam. Die *Leistungsfähigkeit* des Unternehmers und des Managers wird im Mikrobereich seiner Firma, sicher aber auch im Makrobereich der gesellschaftlichen Rahmenbedingungen in intensiviertem Rhythmus auf eine immer härtere Probe gestellt. Ein Beispiel aus dem Bereich der Schweizerischen Eternit-Gruppe (SEG) soll dies illustrieren.

Ein Beispiel. Der Weg aus dem Asbest

Der Weg aus dem Asbest begann für die Schweizerische Eternit-Gruppe in Schweden, wo sie an einer Asbestzement-Rohrfabrik beteiligt war. Ab 1972 wurde die gesamte schwedische Asbestzementindustrie mit der Forderung nach einem Totalverbot für Asbest konfrontiert – völlig überraschend für die Arbeitgeberseite.

Die politische Forderung nach einem generellen Verbot des Asbests in Schweden setzte sich schliesslich durch. Die Eternit Schweden ging in Konkurs – das zu einer Zeit, als die übrigen Aktivitätsfelder der

Eternit-Gruppe mit Asbestzement in Europa und weltweit glänzende Verkaufszahlen erzielten.

Was in Schweden begonnen hatte, griff auch auf die Bundesrepublik Deutschland und andere Länder über. Die Diskussion in Deutschland überlagerte gewissermassen die völlig anders gelagerte Asbestdebatte in den USA. In den USA hatte die Spritzasbest-Technik – ein Gemisch von 10 Prozent Zement und 90 Prozent Asbest, insbesondere als Isolier- und Füllmaterial – zu hohen Zahlen von Krankheits- und Todesfällen geführt, und dies zwanzig Jahre nach ihrer Anwendung. Da die Risiken der Spritzasbest-Aufbereitung und -Verwendung seit längerer Zeit bekannt waren, wurden Hersteller und Verwender in den USA eingeklagt und zum Teil verurteilt. Die damit verbundene Debatte fand internationales Echo. In Deutschland wurde in der Folge die Problematik in der Öffentlichkeit auf alle Asbestzementverfahren übertragen, obwohl seit jeher bekannt war, dass geformte und gepresste Produkte aus Asbestzement (hier ist das Asbest/Zement-Verhältnis 1:9, der Asbest ist fest in die Zementmatrix eingebunden) kein vergleichbares Risiko wie Spritzasbest aufweisen. Die Eternitgruppe aber hat nie Spritzasbest, sondern immer Bauteile aus Asbestzement hergestellt.

Asbestverarbeitung wurde auch in Europa in zunehmend weiten Kreisen schlagartig mit einer schweren Gesundheitsgefährdung gleichgesetzt – ungeachtet der Entwicklung und Anwendung neuer Staubschutz-Technologien, ungeachtet der Tatsache, dass der Verarbeitungsprozess auf Nass-Techniken umgestellt worden war, und ungeachtet schliesslich der Tatsache, dass dank Asbestzement und seinen hervorragenden Brandschutzeigenschaften ungezählte Menschenleben gerettet werden konnten.

Gerade in Deutschland, aber auch in weiteren Teilen Europas wurde der Unterschied zwischen Spritzasbest und Asbestzement in der Öffentlichkeit nie voll erkannt. Die in der Bevölkerung daraus resultierende Verunsicherung stigmatisierte die asbesthaltigen Produkte pauschal, was sich unmittelbar auf den Markt in Teilen Europas niederschlug.

Die psychologisch verständliche und daher auch von der Industrie immer wieder praktizierte Haltung angesichts einer solchen Situation ist die *Problemverdrängung*, die schliesslich in Reaktion auf Angriffe mündet, die man für ungerecht und sachlich unbegründet hält. Sehr oft geht man schon mit einer falschen Fragestellung an das Problem heran. Und die falsche Fragestellung in dieser Situation ist die, wie auf die Entwicklung *reagiert* werden soll. Damit hat man sich in der Regel bereits auf die Verliererseite begeben, weil man schliesslich das Geschehen nicht mehr selbst beeinflussen kann.

Die schweizerische Eternit-Gruppe hat frühzeitig den *Weg der möglichst präventiven Aktion* gewählt; andere Firmengruppen, auch solche, die den gleichen Namen tragen, obwohl sie finanziell unabhängig sind, gehen andere Wege. Für die SEG waren vier Gründe wichtig:

– Die Erkenntnis, dass der natürliche Rohstoff Asbest wie alle Rohstoffe begrenzt vorkommt und bei anhaltend hohem Verbrauch auf längere Sicht Engpässe in der Rohstoffversorgung unvermeidbar werden.

– Die klare Erkenntnis, dass Asbestfeinstaub gesundheitsschädigend sein kann und seine Entstehung nach Möglichkeit vermieden werden muss.

– Die Einsicht, dass Märkte für Asbestzement-Produkte durch die öffentliche Meinung und indirekt die Medien ausserordentlich stark beeinflussbar sind und deshalb die Verletzbarkeit für die SEG gross ist.

– Eine asbestfreie Faserzement-Technologie bietet Raum für Innovationsprozesse, neue Möglichkeiten bezüglich lokal verfügbaren Rohstoffen, neue Anwendungsmöglichkeiten für vielfältigere Produkte.

Es waren im wesentlichen diese Gründe, die zur unternehmerischen *Entscheidung für den Weg aus dem Asbest* führten, und dies zu einem Zeitpunkt (1977), als noch kein brauchbarer Ersatz für die Asbestfaser zur Verfügung stand.

Erste Konsequenz aus der internen Grundsatzentscheidung war deshalb die Inangriffnahme eines umfangreichen und kostenintensiven *Forschungsprogrammes* mit dem Ziel, einen Werkstoff zu entwickeln, der in seinen positiven Eigenschaften dem Asbestzement gleichwertig ist, anderseits aber dessen Nachteile nicht aufweist. Die ermutigenden Ergebnisse dieser Forschungsarbeit schufen die Voraussetzungen für die Realisierung der unternehmerischen Grundsatzentscheidung. Bereits 1978 konnte die erste asbestfreie Faserzement-Versuchsplatte auf einer industriellen Anlage produziert werden. Ende 1989 wird der markttechnische Durchbruch für alle Hochbauprodukte erzielt sein.

Die Realisierung dieses Innovationsprogramms erforderte aus technischen, logistischen und organisatorischen Gründen Zeit. Besonders bedeutsam war der dazu nötige Umdenkprozess im Management und die Überzeugungsarbeit bis zum einzelnen Arbeiter. Sehr rasch war deshalb klar, dass die Eternit-Gruppe während eines langen Zeitraumes NT-Produkte (NT steht für Neue Technologie) und Asbestzementprodukte parallel nebeneinander würde herstellen müssen. Für die Asbestzementproduktion bedeutete dies als zweite Konsequenz, dass die Bemühungen um den Arbeits- und Gesundheitsschutz konsequent weitergeführt werden mussten und müssen. Die Schweizerische Eternit-Gruppe hat denn auch bezüglich Sicherheit und Gesundheit am Arbeitsplatz heute einen im internationalen Vergleich ausgesprochen hohen Stand erreicht. Unser Sicherheitshandbuch nahm den ILO-Sicherheitsstandard seit Jahren vorweg. Wir kennen nur *einen Sicherheitsstandard;* er gilt für unsere europäischen Aktivitätsfelder und für Lateinamerika und Südafrika gleichermassen. Wir verfolgen den Stand der Wissenschaft im Bereiche Medizin, Arbeitshygiene und Umweltschutz sehr eng und verarbeiten laufend neues Wissen. Dies hat zur Entwicklung eines gruppeninternen «Health and Environment Program» (HEP) geführt; es hält für die Bereiche Arbeitshygiene, Arbeitsmedizin und Umweltschutz die verbindlichen Standards und Richtlinien fest und umschreibt gleichzeitig die nötigen organisatorischen und betriebswirtschaftlichen Massnahmen.

Dritte Erkenntnis: Eine unternehmenspolitische Weichenstellung von dieser Tragweite bedarf des Flankenschutzes. Es gilt, die breite Öffentlichkeit ebenso umfassend und vollständig über die Gründe der Weichenstellung zu informieren wie die Regierungen, die Fachbehörden und Parlamentarier. *Transparenz schafft Verständnis* und Bereitschaft, die Entscheidung mitzutragen. Besonders bedeutsam war in diesem Zusammenhang der Abschluss eines Branchenabkommens im Jahre 1984 mit der bundesdeutschen Regierung, welcher den Weg aus dem Asbest für Hochbauprodukte terminlich auf Ende 1990 definiert. Die SEG wird diesen Termin einhalten.

Wenn die SEG somit mit einiger Genugtuung per Ende 1992 sämtliche Hochbauprodukte weltweit ohne Asbest herstellen wird, ist dies auf einige markante und frühzeitig gefasste Entscheidungen zurückzuführen. Es waren Entscheidungen zugunsten

– einer offensiven und nicht defensiven Problembewältigung
– eines technischen Innovationsprogrammes (Neue Technologie)
– eines weltweit einheitlichen Standards bezüglich systematischer Arbeitshygiene und Umweltschutz
– einer offenen und offensiven Kommunikationspolitik

Dieser Weg war und ist nicht einfach. Er stellt hohe Anforderungen während einer recht langen Zeit, insbesondere an die Durchhaltekraft der gesamten Unternehmensführung. Aber es ist der einzige Weg zur Zukunftssicherung.

Glaubwürdigkeit als Grundlage

Wenn eine Unternehmung derart starken Angriffen und Verdächtigungen ausgesetzt wird wie die SEG zum Thema Asbest, dann ist die Gefahr des Verlustes an Glaubwürdigkeit und Image sehr gross. Ohne Glaubwürdigkeit jedoch besteht keine nachhaltige Marktchance für ein Unternehmen. Immer mehr ist das Ausmass an Glaubwürdigkeit beim Kunden mitbestimmt durch jenes in der Öffentlichkeit.

Wie gewinnt man Glaubwürdigkeit? Aufgrund der Erfahrungen der SEG während der letzten 10 Jahre dürften folgende Erkenntnisse besonders wichtig sein:

– Voraussetzung für Glaubwürdigkeit in der Öffentlichkeit ist immer Glaubwürdigkeit in der Unternehmung selbst. Nur wenn es gelingt, die eigene Führungsmannschaft in der Schweiz und im internationalen Verband auf die entscheidend wichtigen Ziele zu verpflichten, kann genügend innerer Halt für das Durchziehen einer Strategie entstehen.
– Ehrlichkeit im Kontakt mit Behörden, Politikern und Medien ist eine weitere Regel. Kommunikation bedeutet gerade in schwieriger Zeit einen offenen, ehrlichen, argumentativen Dialog.
– Externe Überwachung im Auftrage des Unternehmers im Sinne einer nachhaltigen Supervision in jenen Bereichen, die für Unternehmung, Öffentlichkeit und Politik in gleicher Weise besonders wichtig sind: z.B. Arbeitshygiene, Umweltschutz, Medizin.

Diese letztgenannte Regel verdient nähere Betrachtung. 1986 lud die SEG fünf international anerkannte, von der Gruppe völlig unabhängige Experten dazu ein, ein sog. *«Safety Audit Committee» (SAC)* zu bilden. Auftrag war die unabhängige Beurteilung des angewandten

Systems im Bereich Arbeitshygiene, Umweltschutz und Medizin und dessen Qualität in der Praxis in den SEG-Unternehmungen in Lateinamerika. Dem Komitee gehören folgende Mitglieder an:
Dr. Benito F. Bucay, Generaldirektor von Industrias Resistol, Mexiko
Prof. Georges Fülgraff, Wissenschaftlicher Berater und Autor in den Bereichen Umwelthygiene und -forschung, Gesundheit und Umwelt, Sozialforschung, und Umweltmedizin, ehemaliger Staatssekretär im Bundesministerium für Jugend, Familie und Gesundheit, BRD
Dr. Paulo Almeida Machado, stellvertretender Vorsitzender des Nationalen Gesundheitsrates, Brasilia, ehemaliger brasilianischer Gesundheitsminister
Dr. Luís Alberto Monge, ehemaliger Präsident von Costa Rica
William Ruckelshaus, Präsident von William D. Ruckelshaus Associates und Partner der Anwaltsfirma Perkins Coie, Washington DC, ehemaliger Administrator der US-Umweltschutzagentur.

Der erste Bericht des SAC wurde Mitte 1988 abgeliefert. Er enthält eine kritische Analyse der Anstrengungen der Gruppe, würdigt die bisherigen Bemühungen und schliesst mit einer Reihe von konkreten Empfehlungen.

Für die SEG besonders wichtig ist die Bestätigung, dass die einschlägigen einheitlichen Standards in der Ersten und Dritten Welt gleichermassen eingehalten werden. Auf diese Empfehlungen reagierte die SEG mit einer klaren Antwort, die in einer Art Verpflichtung für entsprechende Massnahmen und Vorhaben mündete. Das SAC wird nun ein Jahr später, d. h. gegen Ende 1989, die Erfüllung dieser Verpflichtung der Gruppe überprüfen und darauf beruhend einen zweiten Bericht erarbeiten.

Die Erfahrungen mit dem SAC sind positiv, gerade wegen der kritisch-konstruktiven Rolle, die es spielt. Die SEG hat deshalb die gleiche Idee auch für die Unternehmung Everite in Südafrika ins Leben gerufen. Bei diesem SAC werden vor allem technisch und wissenschaftlich kompetente Fachleute aus Südafrika selber mitwirken. Vielleicht ergibt sich aufgrund dieser Erfahrungen eine Art Modell für multinationale Unternehmungen mit Aktivitäten in der Dritten Welt.

Sound Ethics is good Business

Das Beispiel der SEG und ihres Weges aus dem Asbest illustriert einige zentrale Zusammenhänge zwischen unternehmerischer Zukunftssicherung und «Public Affairs»:

– «Public Affairs», beispielsweise Umwelt- und Gesundheitsschutz, können (ob wissenschaftlich abgesichert oder nicht) zu starken *Effekten auf den Märkten* führen. Forderungen des Marktes aber kann man nur so rasch als möglich nachkommen.

– «Public Affairs» beinhalten Probleme auf der gesellschaftlichen Makro-Ebene, im politischen Umfeld, wo der «normale» Manager sich nicht zu Hause fühlt. Er tendiert daher in der Regel zur Problembekämpfung statt -lösung. «Public Affairs» können aber nur mit frühzeitiger offener Analyse und *konsequenter Strategie* bewältigt werden.

– *Präventive Massnahmen* kosten weniger als kurative. Dies ist zwar selbstverständlich – und trotzdem wartet man in der Regel auf das Eintreffen von *Krisen,* bis reagiert wird. Die allgemeine Regel lautet, dass oft frühzeitige Vorkehrungen eine Krise vermindern könnten, dies im optimalen Zeitpunkt jedoch unterschätzt wird, weil alles noch ruhig scheint.

– So wie neue Produkte und Technologien eine gewisse Innovationskraft des Unternehmens voraussetzen, so klar verlangen «Public Affairs» nach *innovativen Lösungsansätzen.* Wir befinden uns auf weitgehend unbeackertem Feld. Bestehende Modelle können nicht einfach übernommen werden. Die Suche nach einem eigenen, ehrlichen Weg ist von entscheidender Bedeutung.

– Glaubwürdigkeit nach innen ist Voraussetzung für Glaubwürdigkeit nach aussen. Für beides ist Offenheit und eine klare Kommunikation unerlässlich. Traditionelle Formen der Public Relations wirken kontraproduktiv; es geht um eine klare *Positionierung zu Themen,* die nicht nur das Unternehmen im Mikrobereich etwas angehen. Vertrauen und Glaubwürdigkeit kann man nicht kaufen, sondern nur mit Taten erwerben.

Private Unternehmungen und ihre Manager sind ertragsorientiert, sie müssen es sein. *Wirtschaftlichkeit* ist das zentrale Entscheidungskriterium. Politische Probleme und Akzeptanzfragen sind für sie unangenehm und ungewohnt; zudem bedeuten sie *Kosten* in Form von Geld, Zeit und Nerven. Dies gilt in der Regel noch verstärkt in der

Dritten Welt. Und dennoch zeigt das Beispiel der SEG, dass ein besseres Management der «Public Affairs» wirtschaftlich viel Sinn machen kann:

Erstens geht es um die Verminderung von *politischen und wirtschaftlichen Risiken,* die Marktpositionen und Geschäftsgang negativ beeinflussen könnten oder dies bereits tun; eine bewusste Risikobeurteilung ist insbesondere in Phasen und Ländern in der Dritten Welt mit ausgeprägter *Unsicherheit* wichtig, denn die Beschäftigung mit Unsicherheit und Risiken vermindert diese, sie fördert das Vertrauen in die eigene Vorstellungskraft der Zukunft.

Zweitens bringt glaubwürdiges und langfristig orientiertes Verhalten zusätzliche *Marktchancen* und Diversifikationsmöglichkeiten: man ist ein berechenbarer Geschäfts- und Sozialpartner, erhält Zugang zu wichtigen Meinungsbildnern und Entscheidungsträgern mit weitreichendem Kontaktnetz.

Drittens: Moralische Integrität, Ehrlichkeit, Mut zur Offenheit, Kritikfähigkeit, ein gesundes Mass an Einsteckvermögen und Durchhaltewillen sind wichtige Voraussetzungen auf allen Unternehmungsstufen, die Unternehmungsziele durchsetzen und realisieren können. Bei allen Zweifeln und Schwierigkeiten unseres Weges aus dem Asbest und unserer Suche nach Neuen Technologien wirkte die unverrückbare Grundausrichtung unserer Politik versichernd und motivierend – ein betriebswirtschaftlich nicht zu unterschätzender Erfolgsfaktor.

Starke ökonomische Gründe sprechen also für eine systematische Betreuung von «Public Affairs», weil dies direkt und indirekt *kostensparend, umsatzsteigernd* und *gewinnsichernd* ist. Eine altbekannte Erfahrung gilt auch hier: alle Bemühungen, Analysen und Ratschläge nützen wenig, wenn sie nicht vorn an der *Front* und *in der Linie* aufgenommen und umgesetzt werden. Die Beschäftigung mit «Public Affairs» ist eine erstrangige Führungsaufgabe der *obersten Unternehmensleitung,* die nicht delegiert werden kann und darf. Die Betreuung von «Public Affairs» trägt wesentlich zur unternehmerischen Gesamtschau bei. Moderne oberste Unternehmungsführung mit dem Ziel der Zukunftssicherung für ein Unternehmen wird immer mehr gerade diese Gesamtschau entwickeln müssen und wollen. Die Führungsaufgabe wird damit nicht einfacher, die Herausforderung an den Unternehmer und Manager wächst weiter.

Thomas Coppetti

Die Fabrik von morgen

Zeitalter des Mikroprozessors?

Die technische Entwicklung im 20. Jahrhundert verläuft rasant. Wir notieren ausschnittweise: Radio 1919, Fernsehen 1935, Computer 1941, Transistor 1948, Raumfahrt 1957, Mondlandung 1969, Compact Disc 1971, Mikroprozessor 1972. – Wir können uns die Frage stellen, welcher dieser Technologie-Sprünge heute den grössten Einfluss auf die technischen Rahmenbedingungen unseres täglichen Lebens hat. – Leben wir vielleicht im Zeitalter des Mikroprozessors, der auf der Rechenmaschine und dem Transistor aufbaut? – Jedenfalls sind wir auf diesem Gebiet Zeugen eines gewaltigen wissenschaftlich-technischen Aufbruchs, der eine solche Bezeichnung wohl rechtfertigen würde.

Heute liegt das grösste Innovationspotential für fast alle Industriezweige in der industriellen Organisation jener Arbeiten, die auf reibungslose Bewältigung eines umfangreichen Informationsflusses und der darauf automatisch aufbauenden Abläufe ausgerichtet sind, also der Automation und Informatik im weitesten Sinne.

Der Motor hinter dieser Entwicklung ist der Mikroprozessor. Was James Watt im Jahre 1769 für unsere Muskeln tat, als er die Dampfmaschine erfand, dies hat dieser mächtige Zwerg für unsere Gehirnzellen vollzogen – wenigstens, solange wir im Gehege standardisierter, logischer Informations-Verknüpfungen bleiben.

Im Jahre 1948 wurde der Transistor entdeckt. 10 Jahre später wurde die integrierte Schaltung (Integrated Circuit, IC) durch Aufbringung mehrerer Transistoren samt ihren Verbindungsleitungen auf ein winziges Siliziumplättchen geboren. Es wurde aber erst Anfang der siebziger Jahre möglich, eine standardisierte mikroelektronische Einheit, den Mikroprozessor, mit individuell programmierbaren Speicherelementen zu verbinden und damit einen miniaturisierten Computer mit vorerst beschränkten Spezifikationen zu schaffen. Im Laufe der Jahre wurde die Rechenleistung der Mikroprozessoren – allein oder im Verbund – derart gesteigert, dass sie nach und nach Aufgaben der Datenverarbeitung übernehmen konnten, welche früher das Anwendungsgebiet grosser Rechenanlagen waren.

Heute vergeht kaum ein Tag, ohne dass wir von den Medien über die neuesten Entwicklungen auf dem Gebiete der Mikroprozessor-Anwendungen – der dritten industriellen Revolution, wie man diese in den Schlagzeilen bezeichnet – unterrichtet werden.

Auf dem Softwaresektor werden die sogenannten Expertensysteme zu den kommenden Technologien gerechnet. Es handelt sich hier um Computerprogramme aus einem ausgewählten Anwendungsgebiet, die für den Dialog mit dem Benützer aufgebaut sind. Sie verhalten sich dabei wie menschliche Experten desselben Anwendungsgebietes. – Die technische Verwirklichung der Erkennung und Verarbeitung natürlicher Sprachen liegt vorläufig noch in weiter Ferne.

– Ins Stadium von Vorprototypen gehört die phantastisch anmutende Idee, Dutzende oder gar Tausende von Prozessoren parallel arbeiten zu lassen und die Verarbeitungszeiten für komplexe Aufgaben auf einen Bruchteil des heutigen Aufwandes zu senken.

Ein nächster Technologieschritt auf dem Gebiet der Hardware ist abschätzbar. Ab Mitte der neunziger Jahre wird mit dem industriellen Einsatz der optischen Speichertechnologie im löschbaren Schreib-Lesebetrieb zu rechnen sein. Welche unter den zur Verfügung stehenden Technologien, die Magnetplattenspeicher-, die Halbleiterspeicher- oder die optische Speicher-Technologie, im Einzelfall eingesetzt werden wird, wird vom problemspezifischen Preis-Leistungsverhältnis abhängen.

Was die Prozessorleistung anbetrifft, so wird damit gerechnet, dass diese bis zum Jahr 2000 zum Preis von nur 100 Dollar pro Million Instruktionen pro Sekunde (MIPS) erhältlich sein wird, d. h. ca. 70mal billiger als heute.

Auch bei den Benützerschnittstellen sind grössere Innovationen voraussehbar. Hier ist um das Jahr 2000 das neue Konzept «View» zu erwarten. Dieses wird synthetische, aber äusserst realitätsgetreue Bilder auf dem Bildschirm erlauben.

Die Leistungsfähigkeit der Arbeitsstationen und PCs wird in näherer Zukunft gewaltig steigen. Es wird angenommen, dass im Jahr

2000 PC-Systeme mit einem rund hundertfach verbesserten Preis/Leistungsverhältnis verfügbar sein werden.

Strukturwandel in der Marktwirtschaft durch fortschrittliche Produktionstechnologien

In der Marktwirtschaft gilt das Prinzip der strukturellen Selbststeuerung über den Markt. Es ist die Aufgabe der Unternehmer, Strukturwandlungen rechtzeitig zu erkennen und ihr Verhalten an die veränderten wirtschaftlichen Gegebenheiten anzupassen. Zentrales Mess- und Steuerungsinstrument sind dabei die Preise, die sich über den Mechanismus von Angebot und Nachfrage auf den jeweiligen Märkten einspielen. Durch ihre Dynamik lösen sie Richtung und Ausmass der strukturellen Änderungen aus und rufen bei den Unternehmen nach den notwendigen Anpassungsreaktionen. Im ungestörten Wettbewerb wird durch optimalen Einsatz der Produktionsfaktoren Arbeit und Kapital der gesamtwirtschaftliche maximal mögliche Ertrag erwirtschaftet.

Damit ist die ständige Ablösung alter durch neue Strukturen ein wichtiges Kennzeichen der Marktwirtschaft. Dies bezieht sich insbesondere auch auf die Produktionstechnologien. Welche Einstellung wir auch immer zur Technik haben, wir werden einsehen müssen, dass es auch in der Produktion immer neuere, leistungsfähigere Technologien braucht, um die älteren, obsoleten Verfahren abzulösen.

Gradmesser für den Fortschritt auf dem Gebiete der Produktionstechnologien ist die Produktivitätssteigerung. Wie neulich in der «Technischen Rundschau» zu lesen war, wurde Produktivitätssteigerung 1986 in einer Umfrage unter europäischen Unternehmen von 72 Prozent der Unternehmungsführungen als vordringlichste Aufgabe betrachtet, um zu den Gewinnern auf dem Marsch in die Zukunft zu gehören, lange vor der Sicherung der Energie- und Rohstoffversorgung (62%), der Entwicklung neuer Produkte und Märkte (51%) oder der Finanzierung (44%). Der steigende Druck des Marktes nach immer rascherer Anpassungsfähigkeit an die sich verkürzende Lebensdauer der Produkte und des zur Markteinführung verfügbaren Zeitraums hat die Notwendigkeit der Produktivitätssteigerung noch verschärft. In dieser Umwelt ändert sich die traditionell konservative Haltung des früher eng auf den Fertigungsbereich ausgerichteten Produktionsmanagements zu einer immer aktiveren Rolle mit wichtigen strategischen Beiträgen zur Wettbewerbsfähigkeit der Unternehmen.

Die CIM-Fabrik, eine Herausforderung für den Unternehmer

Die fertigungsintensiven Industrien sehen also in der Realisierung von hochproduktiven Fertigungstechnologien mehr denn je einen Schlüssel zur Sicherung des Überlebens. Schon heute ist zu erkennen, dass eine hochautomatisierte Fabrik das Ziel der Produktivitätssteigerung – basierend auf schon heute verfügbaren technischen Grundlagen – in hohem Masse erreicht. Es zeigt sich jedoch, dass diese Fabrik von morgen, die seit Jahren beschrieben wird, nicht einfach zu realisieren ist. Keineswegs darf man sich vorstellen, dass der Anwender nur investieren muss und sich die Probleme lösen, so dass die Fabrik flexibel und automatisch produziert, die mannlose, sogenannte «Geisterschicht» möglich, die Idee der «just in time»-Fertigung Realität und die Kapitalbindung minimal wird.

Die Realität hat vielmehr gezeigt, dass die Entwicklung auf dieses Fernziel hin aus organisatorischen und technischen Gründen nur langsam und schrittweise vor sich geht. In einer langen – man rechnet pro Unternehmen mit rund zehn Jahren –, aber planmässigen und kontinuierlichen Evolution werden unter dem Oberbegriff CIM (Computer Integrated Manufacturing), schrittweise alle Unternehmensfunktionen eines Fertigungsunternehmens dem Endziel nähergeführt. Dies bedeutet, dass in Bereichen wie Produkteentwicklung, Warenbewirtschaftung, Fertigung, Montage, Vertrieb, Rechnungswesen der Weg über vorerst individuell betriebsfähige Insellösungen zum gesamtbetrieblich integrierten, computergestützten System erfolgt.

Jedoch: Viele CIM-Projekte scheitern bereits am beträchtlichen Aufwand, die notwendigen organisatorischen Änderungen als Voraussetzung zu planen und zu realisieren. Automatisierte Fertigungssysteme bringen die erstrebte Verfügbarkeit nur unter der Voraussetzung, dass das Personal entsprechend geschult und motiviert ist. Diese Rahmenbedingung ist in der Praxis oft nicht leicht zu beherrschen. Die Planung der neuen Systeme bringt weitere Probleme. – Wer plant? – Welche Organisationsform wird für die Planungsarbeiten gewählt? – Wurde das Planungsteam in der Arbeitstechnik der Projektleitung ausreichend geschult? – Gelingt es, intuitive Planungsmethoden durch gesichertere, systematischere zu ersetzen? – Kann die Kostenseite gebändigt werden? – Die Frage der gewählten Informationsverarbeitung ist in ihrer Beantwortung komplex. Wer entscheidet hier, wenn sich die Informatik-Spezialisten nicht einig sind? – Und zu guter Letzt: Nach vollendeter Planung fehlen oft geeignete Methoden zum Nachweis der Wirtschaftlichkeit.

So ist denn die «Fabrik von morgen», wie neulich in der VDI-Zeitschrift zu lesen war, heute ein Arbeitstitel für den Fortgang der technischen Evolution. Jedes Jahr wird es daher eine neue «Fabrik von morgen» geben.

In der Schweiz hat man die Wichtigkeit und Komplexität dieser Entwicklung sowohl von seiten der Wirtschaft wie auch der Behörden erkannt. Im Herbst 1987 hat Bundesrat Delamuraz die Expertenkommission CIMEX eingesetzt. Das Ziel dieser Kommission besteht darin, den Verantwortlichen der schweizerischen Politik und Wirtschaft aktuelle Informationen über die Notwendigkeiten einer erfolgreichen Weiterentwicklung der schweizerischen Industrie im Zeitalter der integrierten Informatik zu verschaffen.

Wie funktioniert die Fabrik von morgen?

Als Triebfeder für die Innovation in der Produktionstechnik stehen entscheidende Impulse im Vordergrund, die sich auf Kosteneinsparungen und Qualitätsverbesserungen durch bessere Beherrschung des Herstellungsprozesses zurückführen lassen. Diese werden unter dem bereits erwähnten Stichwort CIM (Computer Integrated Manufacturing) zusammengefasst. Mit der Bezeichnung «Computer Integrated, rechnerintegriert» wird unterstrichen, dass es sich um Problemlösungen handelt, in denen verschiedene Rechner derart verkettet werden, dass Datenaustausch unter ihnen möglich ist. Das Ziel ist eine erhöhte Flexibilität des Produktionsgeschehens. Das Wort «flexibel» bedeutet, dass die Produktionsbetriebe oder Teile derselben jederzeit mit einem Minimum an Aufwand auf ein neues Produktionsziel umstellbar sein sollen. Die so gewonnene Flexibilität erlaubt namhafte Rationalisierungen und ein besseres Eingehen auf die Bedürfnisse der Kunden.

Heute werden alle wesentlichen Teilsysteme im Produktionsbetrieb wie Werkzeugmaschinen, Transportsysteme aller Art, Handhabungsgeräte etc. durch kommunikationsfähige Mikroprozessoren gesteuert. Auf dieser Tatsache aufbauend, wird Transparenz in allen wichtigen Teilvorgängen im Produktionsprozess dadurch geschaffen, dass diese Teilsysteme die für den Produktionsfortschritt massgeblichen Daten über ein lokales Kommunikationsnetzwerk (Local Area Network, LAN) an eine einzige – oder mehrere verteilte — zentrale Stellen übermitteln. Dort werden die aktuellen Informationen von einem sogenannten Fertigungs-Leitrechner gesammelt. Notwendige Massnahmen in der Betriebsführung werden vom gleichen Rechner planend und optimierend unterstützt und in der Folge von der Betriebsleitung realisiert. Teilweise kann die Umsetzung von Massnahmen auch automatisch, ohne Eingriff des Menschen, erfolgen.

In der «data-driven-factory», der mit Hilfe von Daten geführten Fabrik, werden also jederzeit Momentaufnahmen des Produktionsgeschehens in transparenter, zahlenmässiger Form verfügbar gehalten. Dies erlaubt nachhaltige Verbesserungen in der Gestaltung des Produktionsprozesses. Im rechnerintegrierten, flexibel automatisierten Produktionsbetrieb soll der Produktionsprozess im Sinne einer vorgegebenen Optimierungsstrategie stets im Kostenminimum arbeiten. Entscheidend für die Erreichung dieses Zieles sind:

– Verminderung der Durchlaufzeiten der Aufträge und Verringerung der Warenbestände aller Art durch Vermeidung von Ausgangs-, Zwischen- und Endlagern. («Just in Time» [JIT], «Zero Inventory», japanisch: «Kanban».)
– eine Verbesserung der Qualität aller Teilprozesse
– eine Erhöhung der Nutzungszeiten der Produktionsanlagen, indem sich weniger Stillstandszeiten durch falsche oder mangelnde Planung ergeben.

Diese Teilziele werden im rechnerintegrierten, flexibel automatisierten Produktionsbetrieb erreicht. Realisiert werden können ausserdem

– eine erhöhte Flexibilität in der Marktbearbeitung
– eine weitgehende Befreiung der Mitarbeiter von Routinearbeit
– eine detaillierte Produktions-Dokumentation
– ein auf den eingeholten Informationen basierender Qualitätsnachweis für jedes hergestellte Produkt.

Damit hat die Produktion den Rechner als wichtiges Instrument eingesetzt, grosse Datenflüsse zu beherrschen, gleichzeitig diese Datenflüsse auszuwerten und im Sinne vorgegebener Entwicklungsschemata nächste Optimierungsschritte für das Betriebsgeschehen abzuleiten.

Organisation und Erlebnisfeld der Fabrik von morgen

Die rechnerintegrierte Fabrik entsteht also durch Zusammenfassung verschiedener Insellösungen im Betriebsgeschehen innerhalb eines integrierten, d. h. durchgehenden Informatikkonzeptes. Es ist diese Überführung von Insellösungen in gesamtheitlich im Betrieb abgestimmten Organisationsformen, die auf dem Weg zum CIM-Status grosse Anstrengungen erfordert. Die Fabrik von morgen verlangt von allen Mitarbeitern eine neue Einstellung zur Zusammenarbeit zwischen den Unternehmungsbereichen. Das anspruchsvolle Ziel der Neustrukturierung des industriellen Betriebes kann nur dann verwirklicht werden, wenn alle Bereiche mit hoher Bereitschaft, Motivation und Können mitwirken. Interdisziplinäre Projektgruppen müssen im Sinne von professionellen Projektleitungen neue Aufgaben lösen, die nicht – wie bisher – den Spezialisten, sondern – neu – den Generalisten fordern.

Diese Durchgängigkeit der getroffenen oder zu treffenden Massnahmen gilt nicht nur für die Organisation an sich, sondern auch für die Einsicht, dass die neuen Strukturen letztlich als Teil der Unternehmensstrategie gesehen werden müssen. Die alte Regel, dass neben der Produktion die Unternehmensbereiche Technik, Marketing, Personal und Finanzen ihre eigenen, mehr oder weniger in sich abgeschlossenen Welten entwickeln, gehört damit der Vergangenheit an.

Am Anfang allen Tuns steht der strategisch abgestützte Entscheid über das zu Erreichende im dreidimensionalen Raum: Ziel, Mittel, Termin. Von diesem Ziel hängen alle betriebsrelevanten Dispositionen im Betrieb direkt ab. Der Betrieb verwandelt sich dabei sozusagen in eine einzige Informationseinheit. Alle Automatisierungsinseln stehen im Verbund der Informationsflüsse. Eine durchgängige Nutzung aller Informationen ist nur möglich, wenn sich alle Beteiligten an bindende Normen für alle Abläufe halten, mit anderen Worten eine gemeinsame Sprache sprechen.

Der Arbeitsinhalt der Menschen am Arbeitsort wird durch die Informatik und Automation wesentlich verändert. Der Zwang zur Aufteilung der Arbeitsprozesse in spezialisierte, aber eintönige Unter-

Einheiten verschwindet dank Automatisierung zunehmend. Routine-Tätigkeiten werden Handhabungs-Geräten und automatisierten Vorrichtungen aller Art überlassen, während schöpferische, planerische, organisatorische, vorbereitende, überwachende, kontrollierende und ganzheitliche Tätigkeiten gefördert werden.

Dieser Weg ermöglicht bedeutende Rationalisierungen. Die Zahl der Hierarchiestufen kann reduziert werden. Die mit Hilfe von Daten geführte Fabrik wird von spezialisierten Fachleuten im Team gesteuert. Dieser Team-Gedanke hat in der in Skandinavien bekannt gewordenen sogenannten Gruppen-Technologie bereits Einzug in Organisation und Entlöhnungsmodelle von Unternehmungen gehalten. Die Arbeitsplätze bieten einen breiten Erlebnis- und Identifikationsraum. Sie sind verbunden mit der Verantwortung für den reibungslosen Betrieb der verschiedenen Systeme. In der Betriebsführung erhalten Fragen der richtigen Produktionsstrategie und der daraus folgenden Innovation, verbunden mit den notwendigen Investitionen, eine hohe Bedeutung.

Generell nehmen also die anspruchsvollen und abwechslungsreichen Tätigkeiten an Bedeutung zu, während Routine-Arbeitsplätze mehr und mehr verschwinden. Die Technik kommt aus dieser Sicht in der Fabrik von morgen ihrem Auftrag nach, die Mühsal des Menschen zu erleichtern.

Wichtig ist hier, dass die Arbeit des Menschen vom Takt des Betriebsgeschehens weitgehend entkoppelt werden kann. Diese Entkoppelung geht mit einer entscheidenden Humanisierung der Arbeit einher. Die Figur von Charlie Chaplin im Film «Modern Times» im Räderwerk der Maschinerien darf damit als überholt gelten. Der Zeitplan jedes einzelnen Mitarbeiters kann vermehrt seinen individuellen Bedürfnissen angepasst werden. Sogar räumliche Entkoppelung der Arbeit vom Betriebsgeschehen für einzelne Mitarbeiter ist innerhalb dieser Dispositive möglich.

Neben diesen für die Mitarbeiter der Fabrik von morgen positiven Aspekte der Humanisierung stehen auf der Negativ-Seite folgende Punkte:

– Das integrierte Informations- und Automationskonzept kann als «kalt-berechnender, allmächtiger Moloch» empfunden werden, dem der Mitarbeiter auf Gedeih und Verderb ausgeliefert ist.
– Der hohe Automationsgrad verdrängt in der Empfindung vieler

Mitarbeiter den Menschen von Arbeitsplätzen, auf die er ein Gewohnheitsrecht hat.
Von der hier angeschnittenen Problematik der Akzeptanz der Fabrik von morgen durch den einzelnen Menschen und die Gemeinschaft soll im nächsten Kapitel die Rede sein.

Zusammenfassend wollen wir hier sechs Thesen von G. Spur im Zusammenhang mit dem flexiblen, automatisierten, computer-integrierten Produktionsbetrieb festhalten, die auf dem deutschen Ingenieurtag 1987 aufgestellt wurden:

– Die Zahl der in der Produktion beschäftigten Arbeitnehmer wird abnehmen und sich in der Zusammensetzung der Qualifikationen verändern.
– Der Unterschied zwischen Arbeitern und Angestellten wird sich in den Produktionsbereichen zunehmend verringern.
– Die Bedeutung des Ausbildungswesens wird steigen.
– Die Belastung der leitenden Mitarbeiter von Unternehmen wird durch ihre hohe Beanspruchung weiter zunehmen.
– Das Interesse an Teilzeitarbeit wird zunehmen, da ein Ausgleich zwischen dem Bedürfnis nach Freizeit und nach sozialer Sicherheit angestrebt wird.
– Die Einstellung zur Arbeit wird gelöster, subjektiv wichtige Kriterien zur persönlichen Lebensgestaltung müssen vom Betrieb zunehmend berücksichtigt werden.

Wird die CIM-Fabrik von der menschlichen Gesellschaft akzeptiert?

Schon ein kurzer Blick auf die Geschichte lehrt uns, dass technologischer und sozialer Wandel sich gegenseitig beeinflussen, sie stehen in steter Wechselbeziehung. Hier zwei Beispiele:

– Im Mittelalter hatte sich die Technik noch der Kirche unterzuordnen; was nicht in die kirchliche Lehre passte, galt als Häresie. Galileo Galileis Einsicht, dass die Sonne und nicht die Erde das Zentrum unseres Planetensystems sei, führte 1630 zur Einkerkerung des Mathematikers.
– «Niemand soll etwas Neues erdenken oder erfinden», heisst es in einer Zunftordnung des 16. Jahrhunderts, die gesellschaftliche Norm verlangte, dass kein Meister sich vom Hergebrachten lösen solle.

Mit der Gewinnung der Verfügungsgewalt des Menschen über immer neue Naturkräfte ging im Laufe der Zeit eine Neuorientierung der gesellschaftlichen Wertvorstellungen und in der Folge auch der gesellschaftlichen Ordnungsgesetze einher. Die Dampfmaschine brachte beinahe beliebige Beherrschung von Kraft und Energie, die Eisenbahn und das Flugzeug relativierten den Begriff der Distanzen, die Rechenmaschine ermöglichte die Bewältigung grosser Datenflüsse. Diese technische Macht über Naturkräfte enthob den Menschen der bisher gängigen Wertvorstellungen. Weitreichende begriffsmässige und soziale Veränderungen in der Nachkriegszeit gingen weitgehend mit einem Vertrauen in das «Gute» in der Technik einher.

Heute ist das Verhältnis von Technik und Gesellschaft ambivalent. In der Regel wird die Technik als positiv empfunden, solange sie persönliche Bedürfnisse befriedigt. Als typisches Beispiel kann hier das Auto dienen. Persönlichen Bedürfnissen entspricht auch der soziale Fortschritt, der ohne Fortschritte der Produktivität in der Wirtschaft durch stets verbesserte Technologien undenkbar wäre. Verbesserungen im durchschnittlichen Einkommen, in der Altersversorgung und im Gesundheitswesen oder auch bei der Humanisierung der Arbeitsbedingungen – Verbesserungen also, die heute von den meisten Bürgern als selbstverständlicher Besitzstand betrachtet werden, gehören in diesen Zusammenhang.

Als negativ gilt die Technik insbesondere dann, wenn der erwähnte Schluss auf ein unmittelbares menschliches Bedürfnis nicht direkt möglich ist, wenn sie in ihrem Wesen «mit dem gesunden Menschenverstand» nur schwer fassbar ist oder wenn Bedrohungspotentiale wie «Job-Killer» mit ihr assoziiert werden. Wie bereits erwähnt, gehört die Automation mindestens teilweise in diese Kategorie von nicht ohne weiteres akzeptierten Technologien.

Grundsätzlich ist das Verhältnis zwischen Technik und Öffentlichkeit heute ausserdem durch einen Rechtfertigungszwang gekennzeichnet, der jeder einzelnen neuen Technik auferlegt wird. Der Nachweis der Verträglichkeit mit Werten, denen die Öffentlichkeit hohe Bedeutung zumisst, muss in jedem Einzelfall neu erbracht werden. In Deutschland wurde hiefür der Begriff der «Sozialverträglichkeit» geprägt. Sicher ist dieses Überprüfungsprocedere im wesentlichen nur zu begrüssen, auch wenn es im Einzelfall schwierig ist, allgemein anerkannte Wertmassstäbe zu definieren. Wer zieht nun in der

Fabrik von morgen den Strich zwischen Gut und Böse? Was bedeuten diese Erkenntnisse für die automatisierte Fabrik?

Wahrscheinlich für die Akzeptanz der Fabrik von morgen ist folgendes Szenario:

– Die automatische Fabrik verfügt über die bessere Wirtschaftlichkeit. In Zukunft wird die Infrastruktur in Informatik und Automation zu den wesentlichen Gliedern eines rationalisierten Industrieunternehmens zählen. Die entsprechenden Systeme werden genau so wichtig sein wie früher die einzelnen Maschinen.

– Auch wenn durch diese effizienten Fertigungstechnologien nicht alle heutigen Arbeitsplätze in der Fabrik erhalten werden können, werden neue, konkurrenzfähigere Arbeitsplätze in der und um die Fabrik von morgen entstehen.

– Durch die Humanisierung der Arbeitsplätze, durch Vermeidung von geisttötender Arbeit, durch Entkoppelung der Präsenzzeit des Mitarbeiters vom Takt der Produktion, durch breiteren Erlebnisspielraum in Team-Arbeiten wird die Fabrik von morgen wesentliche unmittelbare Bedürfnisse des Menschen befriedigen. Dies ist in der Wertung der Gesellschaft ein Positivium. Negativ wirkt die rigide Organisationsstruktur mit komplexen Abläufen, die nicht ohne weiteres geistig nachvollziehbar sind. Nachdem aber eine Generation sich den Computer zum Freund und Helfer gemacht hat und seine Grenzen kennt, dürfte diese heute noch teilweise beobachtete Ablehnung der Automation weitgehend verschwinden.

– Die CIM-Fabrik wird von der Gesellschaft aus den hier genannten Gründen akzeptiert werden.

Fazit

Die flexibel automatisierte, rechnerintegrierte Fabrik von morgen ist eine strategische Voraussetzung für die Wettbewerbsfähigkeit der Unternehmen auf ihrem Weg in die Zukunft. Sie birgt Rationalisierungspotentiale, die für ein erfolgreiches Bestehen auf dem Markt essentiell sind. Ausserdem kreiert sie durch die für sie typische Humanisierung der Arbeitsplätze «human capital». Für eine erfolgreiche Ausrichtung der Unternehmen auf kommende Zielsetzungen ist sie deshalb unabdingbar.

Bei der Firma Netstal haben wir die dargelegten Überlegungen der strategischen Ausrichtung neuer Produkte zugrundegelegt. Es entstand daraus eine vollautomatische, rechnerintegrierte Spritzgiessanlage, die in den kommenden Jahren ein wichtiges Produkt der Firma sein wird.

Michael Funk

Fortschritt als Vision – ein Widerspruch?

Fortschritt als Anforderung an die Lernfähigkeit

An der Front des technischen Fortschritts arbeiten immer nur wenige Fachleute. Die grosse Zahl derer, die später mit den neuen Technologien umgehen müssen, erlebt den technischen Fortschritt entweder als Bedrohung oder als Aufforderung zum Lernen.

Der wissenschaftlich-technische Fortschritt, der in den letzten hundert Jahren das Antlitz der Erde grundlegend verändert hat, hält unvermindert an. Heute droht aber die Gefahr, dass die Kritik am Fortschritt die Vision des Fortschritts zersetzt. Dabei entgeht vielen Kritikern, dass hinter jeder technischen Neuerung ein menschlicher Wunsch steht: Der Wunsch nach grösserer Mobilität hat zur Entwicklung des Automobils und des Flugzeugs geführt, der Wunsch nach beschleunigter Datenverarbeitung steht hinter der Computertechnologie. Wünsche und Neugierde treiben den technischen Fortschritt voran und führen immer wieder zu neuen wissenschaftlichen Erkenntnissen. Immer wieder entstehen Visionen und werden vom Fortschritt eingeholt.

Heute treffen individuelle Wünsche auf vielschichtigen Widerstand. Oft stossen sie etwa am Aufruf zum ökologischen Bewusstsein an. Ganzheitlich-ökologisches Denken mündet aber bislang noch nicht in zukunftsweisende Visionen, sondern stellt lediglich die Visionen von gestern in Frage – allen voran diejenige des Fortschritts. Unsere Gesellschaft zerfällt in eine Vielzahl von Gruppen mit unterschiedlichsten Perspektiven. Kaum ein Wunsch, der nicht aus einem dieser Gesichtswinkel als unverantwortlich erscheinen würde. Der Wohlstand gibt uns die Möglichkeit, alles zu hinterfragen und zu diskutieren, aber er nimmt uns dadurch bisweilen auch die Kraft, eine verbindliche Vision der Zukunft zu entwickeln und diese gemeinsam anzustreben.

Es gilt für einzelne Menschen, Staaten und Unternehmen gleichermassen: Wer die Vision aus den Augen verloren hat, lebt ohne Zukunft, ohne die Möglichkeit, die Entwicklung mitzugestalten.

Die Visionen unserer Vorfahren sind Wirklichkeit geworden. Die Situation, dass «alles schon da ist», stellt uns vor bedrängende Probleme, vor Fragen des Lebenssinns und der beruflichen Motivation, des Gemeinsinns und des bürgerlichen Pflichtgefühls; Qualitäten, deren Zerfall die demokratischen Institutionen am Lebensnerv trifft.

Hinter meiner persönlichen Vision steht der Glaube, dass der Mensch seine Lernkapazität noch lange nicht ausgeschöpft hat, dass sich aber auch der Fortschritt der wissenschaftlichen Erkenntnis und der Technik weiter beschleunigen wird. Gewiss – jedes technische Hilfsmittel und jedes Wissen kann missbraucht werden und birgt daher Gefahren. Die Angst vor dem Fortschritt darf uns aber nicht blind machen gegenüber der Tatsache, dass dieser auch die Voraussetzung dafür bildet, dass wir die internationalen Probleme, die sich uns heute stellen, in naher Zukunft werden lösen können. Den Kern dieser Probleme sehe ich im regional unterschiedlichen, insgesamt aber extremen Bevölkerungswachstum, das die zunehmende Umweltbelastung mitverursacht. Auf der Suche nach Lösungen für die Zukunft müssen Erkenntnis und Technik verantwortungsbewusst eingesetzt werden. Dies ist nur denkbar vor dem Hintergrund eines Lernprozesses, der namentlich in der Demokratie alle Schichten der Bevölkerung erfassen muss.

Von jeder technischen Neuentwicklung gilt die einfache Regel:
Je grösser die Bandbreite falscher Anwendungsmöglichkeiten ist, desto grösser ist auch die Anforderung an das Lernvermögen des Menschen. Gegen die weitverbreitete Angst vor der Technik gilt es die sachliche Aufklärung zu fördern. Grundsätzlich überfordert der Fortschritt nicht unser Lernvermögen, sondern unseren Willen, uns auch nach Abschluss der Schulzeit weiterzubilden. Zu Unrecht gehen Laien da und dort davon aus, dass sich die komplexen, naturwissenschaftlichen Zusammenhänge, die zur Entwicklung technischer Neuerungen führen, nicht allgemeinverständlich darstellen lassen. Eine Fernsehsendung über die Grundlagen der Relativitätstheorie beispielsweise ist ebensogut realisierbar – und mindestens ebenso spannend – wie eine Laiendiskussion über die undefinierten Gefahren von Atomkraftwerken.

Nur der ungebrochene Lernwille aller Bürger kann die Demokratie vor dem Zerfall zur Bürokratie der Experten bewahren, und wo sich diese Tendenz durchsetzt, liegt die Schuld nie allein bei den betreffenden Fachleuten. Jeder einzelne, jeder Betrieb und jedes Land haben sich der Tatsache zu stellen, dass alle Bereiche der Erkenntnis, alle sozialen Gruppen und alle Weltregionen in immer komplexere Abhängigkeiten voneinander geraten. Nur das Bemühen um die schrittweise Erweiterung der Lernkapazität aller Menschen kann uns den Weg in die Zukunft weisen. Nicht nur Erziehern und Lehrern, sondern auch Unternehmern eröffnet sich dadurch ein Betätigungsfeld, das weit über die Grenzen traditioneller Ausbildung hinausgeht.

Besonders die Industrie muss aus der Defensive heraustreten, um sich vermehrt den Fragen und der Kritik der Öffentlichkeit zu stellen. Möglichkeiten und Grenzen des technischen Fortschritts müssen transparent werden, damit die Angst vor dem Unbekannten abgebaut werden kann. Vermehrt gilt es auch, die internationalen Zusammenhänge und Abhängigkeiten darzulegen.

Unsere Hochschulen müssen sich bewusst sein, dass sie die Spitzenkräfte der nächsten Generation auszubilden haben, von denen dannzumal visionäres Denken und zukunftsweisendes wissenschaftliches Schaffen gefordert wird. Diese elitäre Zielsetzung sollte wieder mutiger verfolgt werden.

Es gibt in der Geschichte der Erkenntnis kein Zurück, weil das einmal erworbene Wissen auch durch Gesetze und Verordnungen nicht mehr aus der Welt geschafft werden kann. Nur der Weg nach vorne steht offen: Die breite Öffentlichkeit muss die Erkenntnisse der Wissenschafter und Techniker nachvollziehen und sinnvoll anwenden lernen.

Als Leiter einer Firma, deren Produkte zum Teil auf die Bedürfnisse von Regierungen zugeschnitten sind, fällt mir auf, dass die Machtlosigkeit der Gesetze gegenüber dem missbräuchlichen Einsatz technischer Mittel in vielen populären Filmen und Romanen thematisiert wird. Denken wir etwa an die Filmserie um «James Bond»: Jedes technische Mittel, das für den Einsatz auf Regierungsebene entwickelt wird, kann missbraucht werden. Instrumente der Machtausübung wie beispielsweise Waffen gehören in die Hand der Gemeinschaft, das heisst des Staates. Wo der Staat sich als ohnmächtig erweist, übernehmen einzelne Interessengruppen oder Erpresser die Macht. Eine starke Gemeinschaft, die bereit ist, ihre Ziele und Ideale zu verteidigen, ist daher notwendig. Wo sie die Macht ausübt, verringert sich die Gefahr des Machtmissbrauchs. Ein Restrisiko jedoch bleibt erhalten. Auch damit müssen wir verantwortungsbewusst leben lernen.

Die Kritik des technischen Fortschritts bewegt sich insofern im luftleeren Raum, als ohnehin kein Mensch und keine Institution die Macht haben, den Fortschritt zu bremsen. Wer den Status quo einfrieren will, ändert nichts daran, dass die Konkurrenz die Möglichkeiten technischer Neuerungen nutzt. Wer sich gegen den Fortschritt stellt, manövriert allemal nur sich selbst ins Abseits.

Wo die Mitarbeiter eines Betriebes strukturelle Veränderungen oder die Einführung neuer Technologien vorab als Bedrohung empfinden, da hat der Unternehmer als Informationsmanager versagt. Innovationsfreudigkeit dient allen, indem sie die Konkurrenzfähigkeit sichert. Da wir die Möglichkeiten neuer Maschinen und Herstellungskonzepte ausnutzen, können wir heute die Durchlaufzeit unserer Produkte im Fertigungsprozess drastisch verkürzen. Die Effizienz unseres Betriebes hat sich dadurch erhöht, was eine wichtige Voraussetzung für unser Überleben im internationalen Wettbewerb ist.

Im Militärbereich unserer Unternehmensgruppe, den ich bis vor kurzem leitete, hatten wir uns vor einigen Jahren mit dem Problem der Überkapazität zu befassen. Die Produktion sollte gedrosselt werden. Die Aufgabe bestand darin, eine traditionsreiche Fabrik in Genf zu schliessen und den Betrieb in Zürich zu reduzieren.

Wichtig war für alle Beteiligten die Einsicht, dass die Marktveränderung uns zwang, die Arbeitskapazitäten in einem anderen, zukunftsträchtigeren Bereich einzusetzen – sei es intern bei uns, sei es bei einer anderen Firma.

Der Weg des (kurzfristig) geringeren Widerstandes führt zu immer wieder unausgeglichenen Bilanzen, zähen Lohnverhandlungen – und wichtiger noch: Jährlich werden in einem Bereich, der keine Zukunft hat, erneut junge Leute eingestellt. Verführung zur Zukunftslosigkeit aus Pietät gegenüber langjährigen Mitarbeitern und traditionellen Strukturen? Wer so die überlieferten Werte «hochhalten» will, hat die Realität aus den Augen verloren und verpflichtet sich einer falsch verstandenen sozialen Verantwortung.

Im Sinne einer Gesamtbeurteilung verdient auch hervorgehoben zu werden, dass der technische Fortschritt nicht in einem Spannungsverhältnis zu den menschlichen Werten steht. Die auffälligste Tendenz der heutigen Entwicklung trägt den Wünschen des Individuums in zunehmendem Masse Rechnung. In der Gründerzeit der Industrie war dies gestandene Selbstverständlichkeit. Da jedes Werkstück in Handarbeit gefertigt werden musste, konnten Kundenwünsche weitgehend berücksichtigt werden. Erst die Entwicklung der Fliessbandproduktion liess den Bezug zwischen Produzent und Käufer in den Hintergrund treten. Serienprodukte wie Henry Fords «Model T» wurden trotzdem zum durchschlagenden Markterfolg. Der günstige Preis wog den entpersönlichten Charakter des Massenproduktes bei weitem auf.

Seit den siebziger Jahren zeichnet sich nun aber dank neuen technischen Möglichkeiten ein gegenläufiger Trend ab: Jeder Käufer stellt andere, individuelle Anforderungen an das Produkt. Kein Anbieter wird seine Zeit darauf verschwenden, solche Kundenwünsche zu beurteilen. Was zählt, ist allein die Frage, wer seine Produkte entsprechend flexibel mit Extras ausrüsten kann, und diese Frage wird wiederum in erster Linie durch den technischen Stand der Produktionsanlagen, das Können im Bereich der Konstruktion und die Anwendung moderner Planungsverfahren entschieden.

Die besondere Problematik des Grossunternehmens

Meinungsumfragen bestätigen seit Jahren, dass das Vertrauen in Grossunternehmen – unabhängig von deren Leistungsausweis – in weiten Kreisen der Bevölkerung schwindet. Dieselbe Tendenz beobachten wir auch betriebsintern: Je grösser die Firma wird, desto mehr lockert sich die Beziehung des Mitarbeiters zum Gesamtunternehmen. Leichter fällt die Identifikation mit der eigenen Abteilung, der Projektgruppe oder dem Kollegenkreis, der sich am Arbeitsplatz zusammenfindet. Organisatorischen Massnahmen, die dieser Tatsache Rechnung tragen, steht oft eine überalterte Unternehmenskultur im Weg. Je zögernder sich aber die Erkenntnis durchsetzt, dass auch der Mitarbeiter eines Grossbetriebes zur Entfaltung seines vollen Potentials auf humane Bezugsgrössen angewiesen ist, desto langwieriger und schwieriger wird sich der organisatorische Anpassungsprozess gestalten.

Die bereits erwähnte Tendenz zur Ausrichtung der industriellen

Produktion auf individuelle Käuferwünsche erfordert eine Beweglichkeit, wie sie in kleinen Betrieben selbstverständlich gegeben ist. In Grossunternehmen ist sie nur durch weitsichtige Planung zu erreichen. Zwar verfügen wir im Oerlikon-Bührle-Konzern schon seit den späten sechziger Jahren über eine moderne Struktur. Einzelnen grossen Unternehmen der Gruppe ist aber die Anpassung an die veränderten Marktwünsche zu spät gelungen. Interessanterweise waren es gerade die erfolgreichen Unternehmen, die den neuen Trend zu mehr Flexibilität und Schnelligkeit zu spät erkannten.

Die für Grossbetriebe charakteristische Trägheit, die wir in diesem Zusammenhang überwinden mussten, rührt daher, dass die Entscheidungsträger auf der Ebene des strategischen Managements selbst oft gar nicht mehr im Kundenkontakt stehen. Der Verkaufschef hat vielleicht rechtzeitig darauf aufmerksam gemacht, dass neue Anforderungen an die Produkte und Dienstleistungen gestellt werden, aber sein Anliegen relativierte sich auf dem langen Weg durch die Stufen der Administration. Um international konkurrenzfähig zu sein, müssen Grossbetriebe heute eine überschaubare Führungsstruktur aufweisen. Die Abteilungen müssen – und können dank der modernen Informationstechnologie – so eng vernetzt sein, dass die Kommunikationswege es an Kürze mit denjenigen in kleineren Konkurrenzfirmen aufnehmen können.

Je grösser das soziale Gebilde ist, in dessen Rahmen der einzelne seine Leistung erbringen muss, desto schwieriger wird die Aufgabe des Managers. Für Projekte der Familie, des Quartiers, der Projektgruppe lässt sich der Mensch wesentlich leichter motivieren als für ein Vorhaben der Grossunternehmung oder des Staates, dessen kleiner Teil er ist. Wer sich als kleines Rädchen im Getriebe einer grossen Sozialmaschinerie fühlt, leistet schwerlich Überdurchschnittliches. Mögen die Verantwortlichen an der Spitze solch grosser Einheiten auch ihre Visionen gerettet haben – fraglich bleibt ohnehin, wie gut es ihnen gelingt, ihre jeweilige Idee vom Ziel der Entwicklung den vielen Individuen an der Basis mitzuteilen und verständlich zu machen. Strukturelle Eingriffe drängen sich auf: Identifikation mit Firmenzielen kann erst zustande kommen, wenn statt des Grossbetriebes eine verselbständigte Projektgruppe, ein Team einander bekannter, ansprechbarer Partner mit klaren, verständlichen Zielen im Vordergrund steht.

Projektorientierte Arbeit in Teams, die auf Zeit gebildet werden, kann aber nur erfolgreich sein, wenn mindestens drei Bedingungen erfüllt sind:

1. Ziel, Zweck und Dauer des Projektes müssen für alle Beteiligten einsichtig sein.

2. Die selbständige Verantwortlichkeit der Projektgruppe muss sich auf der Ebene der zentralen Führung darin äussern, dass tatsächlich nicht täglich «oben» nachgefragt und «von oben» kontrolliert wird, ob und wie die Leute ihre Sache machen.

Viel ist seit Jahrzehnten im politischen und wirtschaftlichen Leben der Schweiz von einem Bekenntnis zum Föderalismus die Rede. Es ist aber billig, zentralistische Führungsstrukturen zu kritisieren, wenn wir selbst nicht die Grösse aufbringen, eine Projektgruppe selbständig auf das gesteckte Ziel hinarbeiten zu lassen. Solche Grösse äussert sich auch in wachsender Fehlertoleranz. Die zentralistische Führungsstruktur darf die Freiheit der Projektgruppe nicht hinterher durch Sicherheitsdenken zum leeren Versprechen verkommen lassen.

3. Eine mit Kompetenzen ausgerüstete Arbeitsgruppe muss aber auch in die Struktur eines Unternehmens integriert sein. Aus vorgesetzter Position hat ein Projektüberwachungsteam dafür zu sorgen, dass dem Projektleiter von allen Stellen die Ressourcen zur Verfügung gestellt werden, die für die Erreichung der gesteckten Ziele notwendig sind. Nur Vorgesetzte, die intern über die nötige Macht verfügen, können diese Integrationsleistung erbringen. Sie wird ergänzt durch ein modernes Informations- und Controlling-Instrumentarium, denn ohne Kontrolle kann auch das Vertrauen in die Teams nicht sichergestellt werden.

Internationale Vernetzung

Unmittelbar – und härter als früher – prallen auf dem Weltmarkt die verschiedensten Kulturen aufeinander. Von besonderem Gewicht sind die Unterschiede, die sich zwischen europäischen, amerikanischen und fernöstlichen Arbeitsvoraussetzungen im Bereich der Mitarbeitermotivation abzeichnen. Japan und Korea beispielsweise erleben erst die Anfangsphase ihres technischen Fortschritts. In Tokio und Seoul weht bis heute Pioniergeist. Der Wunsch nach persönlicher Existenzsicherung – später auch nach dem Besitz des eigenen Fernsehgerätes, des eigenen Automobils – spielt als Element der Arbeitsmotivation noch eine wesentliche Rolle. Auch der amerikanische Manager sieht sich im Bereich der Personalpolitik mit grundsätzlich einfacheren Fragen konfrontiert als wir Europäer. Für ihn findet die Frage nach Möglichkeiten zur Steigerung der Motivation ihre Antwort vielfach allein im «incentive», im zusätzlich ausbezahlten Geldbetrag. In Europa müssen Fragen der Lebensqualität und der sozialen Einbindung betrieblicher Strukturen in wohl einzigartig weitgehendem Masse miteinbezogen werden. Das belastet die Position des europäischen Produktes auf dem internationalen Markt. Die Konsequenzen für den Manager liegen auf der Hand: Es genügt nicht mehr, in der eigenen Tradition verwurzelt zu sein. Der Manager muss die kulturellen Differenzen überbrücken können, und das gelingt ihm nur, wenn er zugleich in verschiedenen Welten zu Hause ist. Diese Anforderung zu erfüllen, scheint bis heute für den Schweizer besonders schwierig zu sein. Die Idee vom schweizerischen Sonderfall, vom staatlichen Garten, der besonderen Gesetzen gehorcht, behindert den Blick auf die weltwirtschaftliche Wirklichkeit. Um so mehr bedarf aber der Mitarbeiter des international tätigen Schweizer Betriebs der Begleitung und der Aufklärung durch eine Unternehmensleitung, die sich auch in den Verhaltensformen und Denkmustern fremder Kulturen auskennt.

Durch Exporte und Handel mit dem Ausland ist die rohstoffarme Schweiz zu ihrem Reichtum gelangt. Auch heute noch kann sich Wohlstand für uns nur im Austausch zwischen den Nationen bilden und erhalten. Neu ist für die schweizerische Wirtschaft nur die Positionierung. Wir bestimmen die Regeln des internationalen Austausches nicht mehr selbst. Textil-, Uhren- und Maschinenindustrie haben es am eigenen Leib erfahren. Andere diktieren die Regeln, und wir haben die Wahl, mitzuspielen oder uns in veraltete Verhaltensmuster zurückzuziehen.

Der Kleinstaat, der heute noch der ganzen Welt erklären will, nach welchen Regeln sich wirtschaftliche Prozesse abspielen sollen, ist notwendigerweise auf dem Weg in die «splendid isolation». Der Schweizer, der heute noch diesem konservativen Selbstbewusstsein verpflichtet ist, steht einer überaus lernfähigen und lernwilligen Konkurrenz aus dem Fernen Osten gegenüber. Wie gern verhandeln wir mit Menschen aus fremden Kulturen, die sich um die Erkenntnis bemühen, wie dies und jenes hier, etwa in Zürich, üblicherweise gemacht wird.

Niemand mag den Fremdling, der uns seinen Stil und seine Vorgehensweise aufdrängen will. Wo wir selbst Fremdlinge dieser Art sind – vielleicht schon im angrenzenden Ausland –, sind wir heute dringend dazu aufgerufen, unsere eigenen Normen und Gewohnheiten im selben Sinne zu überdenken.

Zürich liegt in der Kernzone Europas. Die europäischen Rahmenbedingungen der wirtschaftlichen Entwicklung müssen uns vollumfänglich bewusst werden. Auch dieser Lernprozess zählt zu den vordringlichen Managementaufgaben unseres Jahrzehnts. Wer die wirtschaftliche Entwicklung Zürichs etwa zugunsten Solothurns oder Luzerns bremsen will, hat den Blick für reale Grössenordnungen noch nicht gewonnen: Nicht anders als Zürich liegen auch Solothurn und Luzern in der Kernzone Europas, die sich nur im Hinblick auf Partner beispielsweise in New York und Tokio entwickeln kann.

Auch die traditionsreichste schweizerische Unternehmung kann heute und morgen im internationalen Markt nicht mehr auf die Zugkraft ihrer angestammten Produkte vertrauen: Nicht nur der Sulzer-Diesel, sondern auch andere schweizerische Exportgüter haben ihre singuläre Weltmarktposition eingebüsst. Wir müssen im Zusammenspiel mit unseren Konkurrenten eine Kultur der gegenseitigen Akzeptanz schaffen, um bei der Entwicklung zukunftsträchtiger Produkte mitreden zu können. Der Trend ist unübersehbar: Noch vor dreissig Jahren war der Konkurrent ein Name auf dem Papier. Persönlich war er etwa dem schweizerischen Rüstungsgüterproduzenten kaum je bekannt. Heute kennt sich das Management innerhalb unserer Branche weltweit persönlich. Der direkte Kontakt führt zu neuen Erkenntnissen und zu Angleichungsprozessen. Erfahrungsaustausch mündet in Kooperation. Die internationale Vernetzung wird immer engmaschiger, und wer ausserhalb stehen bleibt, verliert notwendigerweise an Bedeutung und Einfluss. Während früher die schweizerischen Wirtschaftsverbände entscheidende Kontakte knüpfen konnten, werden heute die richtungsweisenden Entscheide vor dem Hintergrund internationaler Ausstellungen und Konferenzen gefällt.

Zunehmende Komplexität als Dominante unserer Zeit

Die zentrale Managementaufgabe besteht heute darin, einfache, verständliche Handlungsstrategien zur Bewältigung zunehmend komplexer Aufgabenstellungen zu entwickeln. Wir sind von folgenden Thesen ausgegangen:

– Es gibt in der Geschichte der Erkenntnisse und Entdeckungen kein Zurück. Wer den technischen Fortschritt nicht als Herausforderung an das eigene Lernvermögen auffassen kann, fällt der Angst und der Isolation zum Opfer.

– Wachsende Komplexität ist ein Charakteristikum unserer Zeit. Es zeigt sich vorab in drei Bereichen:
  – Technische Innovationen folgen immer schneller aufeinander.
  – Alle Kulturen begegnen sich auf dem internationalen Markt, und auch die nationalen Wirtschaftsverhältnisse werden durch weltwirtschaftliche Regeln bestimmt.
  – Traditionelle Führungshierarchien ersticken in unflexiblen, bürokratischen Koordinationsprozessen und müssen durch neue Formen der Arbeitsteilung abgelöst werden.

– Produkte aus Regionen mit unterschiedlichem wirtschaftlichem Entwicklungsstand und weit auseinandergehenden Wachstumsraten, mit den verschiedensten Kulturen und Religionen, treffen sich auf einem immer transparenter werdenden internationalen Markt. Die gegenseitige Abhängigkeit führt bei so unterschiedlichen Voraussetzungen zu gefährlichen Spannungen. Da sich in verschiedenen Weltregionen unterschiedliche wirtschaftliche Chancen bieten, kommt es zu neuen Völkerwanderungen. Unvorhersehbare Entwicklungen – beispielsweise im Bereich der Wechselkurse und der Teuerung — beeinflussen die wirtschaftliche Lage und die Bilanzen der internationalen Unternehmungen entscheidend.

– Der Manager sieht sich nicht nur mit zunehmend komplexen Fragestellungen konfrontiert, sondern auch mit wachsendem Zeitdruck. Dabei steigt mit der Komplexität der Problemstellung zugleich auch der Zeitdruck. Entscheide müssen schnell gefällt werden. Strukturen müssen sich ohne lange Umstellungsphasen anpassen, Produkte müssen unmittelbar auf die Bedürfnisse des Kunden zugeschnitten werden.

– Um dieser Situation gewachsen zu sein, muss der Manager sich an einem Leitbild, einer Vision orientieren und diese seinen Mitarbeitern vermitteln können. Die Kunst besteht darin, die Unternehmen trotz der heute geforderten dezentralen Entscheidungsstrukturen auf einheitliche Ziele auszurichten.

«Wenn Du ein Schiff bauen willst, so trommle nicht Männer zusammen, um Holz zu beschaffen, Werkzeuge vorzubereiten, Aufgaben zu vergeben und die Arbeit einzuteilen, sondern lehre die Männer die Sehnsucht nach dem weiten, endlosen Meer.» Antoine de Saint-Exupéry hat das gesagt.

Es gilt für alle Perspektiven, für alle sozialen Segmente – und für alle Typen des modernen Unternehmers. «Zur See fahren» mag für diese und jene Binnenländer eine Utopie sein – ein hochseetüchtiges Schiff lässt sich aber in einer eingeschworenen Projektgruppe auch fern vom Ufer bauen. Die Sehnsucht, das Verständnis für ein gemeinsames Ziel ermöglichen Leistungen, die sich in ihrer Komplexität weder anordnen noch im Detail zentral planen lassen.

Ohne Visionen steht die Zeit still, und es fehlt am elementarsten: an der Orientierung im Spannungsfeld zwischen Gegenwart und Zukunft, die uns handlungsfähig macht.

Visionen zu entwickeln ist aber nur eine von vielen Anforderungen, die sich heute an Führungskräfte stellen. Die Kunst der Führung zeigt sich eigentlich erst darin, wie die Vision kommuniziert wird. Zunächst weist ja die Gesamtschau immer hoch über die Köpfe der Mitarbeiter und über den Rahmen der jeweils zu bewältigenden, kurz- und mittelfristigen Aufgaben hinaus. Eine Vision kommunizieren heisst: Das Gesamtbild an die aktuellen Aufgaben anschliessen, schwer Fassbares konkretisieren, Aspekte des zukunftsweisenden Entwurfs zum Hintergrund der jetzt anstehenden Arbeiten machen. Nur so wirkt sich die Vision motivierend aus. Zwischen dem betreffenden visionären Aspekt der Firmenleitung und dem persönlichen Ziel des jeweiligen Mitarbeiters darf kein Bruch bestehen. Im günstigsten Fall sind sie eins. Wer solche Kongruenz herstellen kann, verdient die Bezeichnung Top-Manager oder Leader – auch was die Qualität seiner Arbeit betrifft. Die Erfüllung dieser Aufgabe wird zunehmend schwieriger, je stärker sich unsere Gesellschaft in Gruppen mit unterschiedlicher Lebensauffassung gliedert, je variabler die individuellen Ziele verschiedener Mitarbeiter sind. Jeder lebt in einem anderen sozialen Segment, jeder entwirft seine eigene Perspektive, hegt seine eigenen

Wünsche. Standardisierte Arbeitsformen und Kommunikationsweisen können nicht mehr zum Erfolg führen.

Die Philosophie der überschaubaren Gruppe bietet hingegen die Möglichkeit, spezifisch auf die Interessen- und Bedürfnislage verschiedener sozialer Segmente einzugehen.

Und nicht nur im Kreis der Mitarbeiter muss die Vision des Chefs kommuniziert werden können. Weite Teile der Bevölkerung sehen hierzulande die Industrie noch immer im Licht von Charlie Chaplins «Modern Times» – als Maschinerie, die von eindimensional denkenden Managern linear auf das Ziel der Gewinnmaximierung hin angetrieben wird. Die Wirklichkeit sieht wesentlich komplexer aus:

Wer heute als Manager nicht in der Lage ist, Fragen des Arbeitsklimas, des sozialen Umfeldes und der natürlichen Umwelt in seine Entscheidungen einzubeziehen, führt sein Unternehmen auf Kollisionskurs.

Bei Oerlikon-Bührle fragen wir uns zurzeit, auf welchen Ebenen wir uns für den Wirtschaftsstandort Oerlikon engagieren müssen, um auf die nächsten zehn Jahre hinaus attraktive Arbeitsplätze anbieten zu können. Zu diesem Zweck müssen wir eng mit den Raumplanern und den Behörden zusammenarbeiten – und auch dieses Gespräch leistet einen Teil der dringend erforderlichen Aufklärungsarbeit.

Dass heute in allen Bereichen des wirtschaftlichen und sozialen Lebens neue Fronten aufbrechen, ist ein Zeichen dafür, dass viele Entscheidungsträger bislang mit der wachsenden Komplexität der Welt keinen griffigen Umgang gefunden haben.

Mutige Schritte in klar aufgezeigte Richtungen sind nötig, um die Probleme unserer Zeit zu lösen. Technische Entwicklungsschritte sind dazu notwendige Bausteine. Hingabe an die Arbeit, Konsequenz, Toleranz – aber auch Frustrationstoleranz und Einsteckvermögen – sind die Eigenschaften, die den modernen Manager befähigen, seine Visionen durchzusetzen.

Michael Hilti

Ein Unternehmen von Unternehmern

«Wir haben erfolgreiche Mitarbeiter»

Arbeit soll nicht irgendeine Beschäftigung sein, sondern eine Quelle des persönlichen Wachstums. Sie entspringt den Freiräumen zur Selbstentfaltung, dem Übernehmen und Tragen von Verantwortung, dem aktiven Mitgestalten am gemeinsamen Erfolg. Das gibt der Arbeit Sinn und verschafft persönliche Erfüllung.

Ein Unternehmen von Unternehmern, eine Utopie, eine irreale Wunschvorstellung – oder eine Vision, die in die Realität umsetzbar ist? Sicher eine Utopie und Wunschvorstellung, wenn der Begriff *Unternehmer* eng und im allgemein gebräuchlichen traditionellen Sinne definiert wird. Vision – und in die Realität umsetzbar, wenn mit *Unternehmer* unternehmerisches, ganzheitliches Denken und Handeln, aktives Mitgestalten und Beitragen zum Erreichen der Unternehmensziele und damit bewusstes Tragen von Verantwortung verstanden wird.

Das Unternehmen von Unternehmern ist eine provozierende Vision. Sie ist aber realisierbar, wenn sie in ihrer Bedeutung nicht undifferenziert auf jede Funktion und Aufgabe in einem Unternehmen übertragen wird, sondern für die verschiedenen Ebenen und Tätigkeiten differenziert in ihren spezifischen Ausprägungen definiert und umgesetzt wird.

Ein Unternehmen von Unternehmern, warum?

Die achtziger Jahre waren geprägt von einer ungeheuren Dynamik. Einer Dynamik der Märkte, der Technologien und der Innovation, gepaart mit der Internationalisierung und Globalisierung der Geschäftstätigkeit, geändertem Kundenverhalten und einem verstärkten und veränderten Auftreten von Konkurrenten – Entwicklungen und

Trends, welche sich in den kommenden neunziger Jahren sicher weiter, wenn nicht gar noch akzentuierter fortsetzen werden. Diese grossen Veränderungen und damit Herausforderungen bieten Unternehmen grosse Chancen, wenn sie in der Lage und willens sind, diese als Ansporn zu sehen und nicht als Bedrohung. Das heisst, sich als Unternehmen diesem Wandel zu stellen, sich den Anforderungen der Märkte und des Umfeldes (extern und intern) anzupassen, und dies agierend und nicht reagierend. Verbunden mit dieser Entwicklung macht sich – und das nicht nur im schweizerischen Wirtschaftsraum, sondern weltweit – ein immer grösserer Bedarf und gleichzeitig ein Mangel an qualifizierten Mitarbeitern bemerkbar, dies sowohl im Bereich der Führungs- wie auch der ausführenden Aufgaben.

Auch unsere Mitarbeiter haben einen einschneidenden Wandlungs- und Veränderungsprozess mitgemacht. Für ihre Motivation zur Arbeit sind weit weniger als früher finanzielle Aspekte oder irgendwelches Statusdenken ausschlaggebend. Die Mitarbeiter sehen vermehrt ihre Tätigkeit am Arbeitsplatz als einen integralen, zentralen Bestandteil ihres Lebens und weniger nur als notwendige Basis zur Schaffung der materiellen Voraussetzungen, um damit Lebensinhalt zu gestalten und Selbstentfaltung zu erreichen. Mitarbeiter wollen sich zunehmend im Unternehmen *wohlfühlen*, sich in das Unternehmensgeschehen integriert wissen, aktiv beitragen zum Erfolg des Unternehmens, Verantwortung tragen, informiert sein und gehört werden. Sie wollen sich mit dem Unternehmen identifizieren können, gleiche Werte und Ziele haben, sie wollen, dass ihre Arbeit Sinn macht, zu ihrer persönlichen Erfüllung und Entfaltung beiträgt. Sie wollen auf *ihr Unternehmen* stolz sein. Mitarbeiter haben heutzutage aufgrund der aufgezeigten externen Veränderungen, aber auch aufgrund ihrer veränderten Wertsysteme wesentlich grössere Möglichkeiten, selbst zu wählen, für welches Unternehmen und unter welchen Bedingungen sie arbeiten möchten. Sie sind sich dieser Chance bewusst und nutzen sie auch. Die Anforderungen an die erfolgreiche Führung eines Unternehmens wechseln rasch und werden zunehmend komplexer. Zu ihrer Bewältigung ist der Beitrag aller Mitarbeiter erforderlich, derjenige einer ausgewählten Führungsschicht genügt nicht mehr. Wir müssen uns in allem, was wir tun, bewusst sein, dass für die erfolgreiche Bewältigung der heutigen wie auch der zukünftigen Herausforderungen unsere Mitarbeiter der entscheidende

Faktor sind. Nur erfolgreiche Mitarbeiter bieten Gewähr für den Erfolg eines Unternehmens.

Nur Unternehmen, denen es gelingt, erfolgreiche Mitarbeiter zu haben, haben demzufolge in Zukunft eine Chance. Wir sind überzeugt, dass ein Unternehmen von Unternehmern diesen Anforderungen ideal entspricht.

Ich möchte mich im folgenden nicht auf eine theoretische Abhandlung des Themas einlassen, sondern Erfahrungen aus unserem Hause aufzeigen, wie wir versuchen, diese Vision des *Unternehmens von Unternehmern* zu verwirklichen.

Entscheidende Voraussetzungen schaffen

Allein die Vision zu haben, sie schriftlich festzuhalten, ist zwar ein Beginn, wird aber noch lange nicht zum Erfolg führen. Unternehmer zu sein oder unternehmerisch tätig zu werden, kann nicht befohlen werden. Es sind dazu entsprechende Voraussetzungen in Form von Rahmenbedingungen zu schaffen, es muss ein Nährboden entstehen, ein Arbeitsumfeld, ein Klima, welche das unternehmerische Denken und Tun auch ermöglichen und fördern.

Die Notwendigkeit einer klaren und verbindlichen Unternehmenspolitik

Grundlage jeglichen zielorientierten unternehmerischen Handelns ist eine klare Vorstellung dessen, was man erreichen will und wie man es erreichen will. Der Detaillierungsgrad kann dabei unterschiedlich sein. Erst durch das Vorhandensein einer diesbezüglich klaren Vorstellung, festgehalten in der Unternehmenspolitik, mit eindeutigen Absichtserklärungen und selbstauferlegten Rahmenbedingungen, können unternehmerische Tätigkeiten zielgerichtet durchgeführt werden.

Mit der Änderung der Einstellung zum Unternehmen – der aktiven Teilnahme am Unternehmensgeschehen durch Identifikation – möchte der Mitarbeiter nicht nur wissen, was das Unternehmen will und wohin es will, sondern auch, wie es auf seinem Weg dahin vorzugehen beabsichtigt.

Sich mit etwas zu identifizieren, was man nicht kennt, ist nicht möglich.

Je klarer die Aussage der Unternehmenspolitik, desto einfacher die eigene Standortbestimmung durch den Mitarbeiter und damit auch die Frage der Identifikation mit den Zielen der Unternehmung. Je eindeutiger die Aussage der Unternehmenspolitik, desto einfacher auch der Führungsprozess in der täglichen Arbeit, da Ziele, Grundsätze und vor allem Rahmenbedingungen vorgegeben sind und nicht immer wieder neu erarbeitet und diskutiert werden müssen. Jegliches Denken und Handeln wird zielgerichteter. Mitarbeiter haben gemeinsame Ziele und Zielvorstellungen, und das unternehmerische Handeln wird effektiver und effizienter.

Eine den Anforderungen unserer Mitarbeiter und unserer Umwelt gerecht werdende, gemeinsam erarbeitete und von allen getragene Unternehmenskultur

Dass ein *Unternehmen von Unternehmern* auch funktionieren kann und nicht im Chaos endet, bedingt ein für alle verbindliches, übergeordnetes Wertesystem, das von allen getragen wird. Gemeinsame Werte und Ziele sind die Voraussetzung für eine sinnvolle und konstruktive Zusammenarbeit. Wir erachten daher die in umfassenden Grundsätzen weltweit gelebte Unternehmenskultur für den Erfolg als entscheidend. Diese Kultur ist Ausdruck unserer gemeinsamen Verhaltensgrundsätze und Handlungsmaximen, also dessen:

wie wir arbeiten
wie wir zusammenarbeiten
wie wir uns verhalten
wie wir führen – uns selbst und andere

Sie trägt entscheidend dazu bei, ob wir unsere gemeinsamen Ziele heute und in der Zukunft erreichen werden.

In einem Prozess, der nun fast fünf Jahre dauert, haben wir versucht, durch intensivste Diskussionen mit unseren Mitarbeitern auf allen Ebenen die wichtigsten Elemente herauszuarbeiten, welche wir für unsere Zusammenarbeit als entscheidend betrachten und welche wir entsprechend pflegen und weiterfördern wollen. Kulturelemente, die zum Teil bereits seit langem im Unternehmen in mehr oder weniger ausgeprägtem Zustand vorhanden waren und gelebt wurden, aber nie in dieser Weise schriftlich als Elemente der Unternehmenspolitik festgehalten wurden. Sie bilden nun zusammen mit den neu erarbeiteten

Erkenntnissen und weiteren internen Dokumenten zentrale Bestandteile der gesamten Unternehmenspolitik (beinhaltend die Vision, das Leitbild und die Grundstrategie). Damit legen wir eindeutige Grundregeln für unser Verhalten, unsere Einstellung und damit auch unseren Arbeits- und Führungsstil fest. Im Zentrum unserer Unternehmenspolitik steht:

– unser gemeinsames Bekenntnis zur kundenorientierten Leistungsgestaltung und Leistungserbringung. Nur das, was dem Kunden (extern wie intern) echten Mehrwert durch hohen Nutzen verschafft, sichert unseren Erfolg.

Als Bedingung dazu erachten wir:

– Leistungsorientierung und ein ausgeprägtes kosten-/nutzenorientiertes Verhalten unserer Mitarbeiter.

– Kreativität und Innovationsorientierung im gesamten Prozess der Leistungserstellung.

– Die Fähigkeit, im Team und als Team zusammenzuarbeiten – mit allen daraus entstehenden Konsequenzen. Die wachsende Komplexität der Anforderungen an eine Unternehmung kann nicht mehr von Einzelpersonen allein gemeistert werden. Nur durch das Kombinieren und Mobilisieren aller erforderlichen Fähigkeiten, unterschiedlicher Begabungen – unabhängig von hierarchischen Ebenen und Bereichszugehörigkeiten – können wir die besten Ergebnisse erreichen.

– Ehrlichkeit, Offenheit in der Zusammenarbeit, d. h. dass immer wieder Dinge in Frage gestellt werden, Neues versucht wird. Wir akzeptieren dabei auch, dass Fehler gemacht werden. Fehler machen ist keine Schande, solange man daraus lernt. Wachsen und lernen können wir nur, indem wir Dinge tun und Erfahrungen machen, positive wie auch negative.

Wir gehen von der Überzeugung aus, dass schliesslich jeder für sich selbst verantwortlich ist. Für sein eigenes Tun und Lassen, für seine eigene Weiterentwicklung und für die Gestaltung seiner Zukunft. Das Unternehmen kann diesen Prozess nur unterstützen.

Besondere Bedeutung messen wir dem Umstand bei, dass wir durch die Integration möglichst vieler Mitarbeiter in die Entwicklung dieser Grundsätze den Konsens geschaffen haben, dass wir diese Kultur auch haben und leben wollen. Unternehmenskultur ist zum Schlagwort geworden, auf das sich unzählige angebotene Seminare konzentrieren. Wir haben erlebt, dass nur die intensive innerbetriebliche Auseinandersetzung mit diesem Thema auf allen Ebenen zum Erfolg führen kann. Kultur kann man nicht befehlen, sondern nur schrittweise entwickeln und leben.

Ein unserer Kultur entsprechender, auf Effektivität und Effizienz ausgerichteter Führungsprozess

Ein *Unternehmen von Unternehmern* kann nur dann entstehen, wenn man die Mitarbeiter auch unternehmerisch tätig werden lässt. Dies bedingt eine angepasste Führung in allen Situationen und zu jeder Zeit. Ein Führungsstil und Führungsprozesse, mit denen sich alle Mitarbeiter voll identifizieren und welche ständig vorgelebt und praktiziert werden müssen.

Wir müssen Freiräume schaffen und gewähren, in welchen unternehmerisch tätig zu werden möglich ist. Die Führung muss sich vermehrt auf das, was zu erreichen ist, die Zuteilung der erforderlichen Mittel und das Schaffen optimaler Voraussetzungen zum Erreichen der Ziele konzentrieren, während die Umsetzung oder auch das *Wie* dem Geführten überlassen und entsprechend auch delegiert werden sollte. Entscheidend dafür ist eine Grundhaltung des Vertrauens in die Fähigkeiten der Mitarbeiter und Geführten. Ein Vertrauen, das man selbst ebenfalls beansprucht, weil jeder – je nach Lage – Führender und Geführter sein kann. Das heisst aber nicht blindes Vertrauen und Glauben, sondern eine konstruktive und kritische Auseinandersetzung und faire Zusammenarbeit. Führungsarbeit wird so auch verstärkt zum Coaching in der Entwicklung von Mitarbeitern, um gemeinsam Erfolge zu erarbeiten und zu erzwingen.

Für uns bedeutete dies unter anderem die Veränderung bestehender Strukturen, Organisationseinheiten in Einheiten mit klar definierten Leistungsaufträgen, für welche diese Einheiten auch die volle Verantwortung übernehmen können. Dies bedingt wiederum, dass Leistungsaufträge so definiert werden, dass die Leistung eindeutig messbar und zuzuordnen ist. Konsequenzen daraus sind einfache Strukturen mit überschaubaren organisatorischen Einheiten, gekennzeichnet durch klare Aufgaben, klare Verantwortlichkeiten und Entscheidungskompetenzen. Mit abgegrenzten, eindeutigen Schnittstellen zu anderen Einheiten, unter dem Grundsatz, dass man nur für etwas verantwortlich sein kann, was er auch direkt beeinflussen kann. Strukturen auch, deren Bildung und Funktionsweise ein Minimum an *büro-kratischen* Regelungen erfordert und die flexibel anpassbar sind.

Dies führt zwangsläufig zu flachen Strukturen, welche einer wesentlich grösseren Anzahl von Mitarbeitern die Möglichkeit geben, unmittelbar am Führungsprozess teilzunehmen. Sie erhöhen die Transparenz und erleichtern die Identifikation der Mitarbeiter mit den Zielen. Unterstützt wird dieser Prozess ferner durch Entlöhnungssysteme, welche primär auf den Ergebnissen – quantitativen und qualitativen – per Einheiten basieren und nicht auf irgendwelchen generellen, vom Mitarbeiter nicht nachvollziehbaren Kriterien. Damit berücksichtigen wir auch die Erkenntnis, dass es weder zielführend noch die Identifikation und Motivation fördernd ist, für etwas remuneriert zu werden, das man nicht beeinflussen kann.

Dass die gesamten Planungs- und Kontrollsysteme der Unternehmung entsprechend angepasst werden müssen, ist selbstverständlich. Die Organisationseinheiten müssen in den Zielerarbeitungsprozess voll involviert werden. Desgleichen müssen sie die Kontrollkriterien kennen und sich mit diesen identifizieren können.

Kommunikation – und nochmals Kommunikation

Das Erarbeiten und Formulieren der Unternehmenspolitik und der Unternehmenskultur ist der erste Schritt auf dem Weg zum *Unternehmen von Unternehmern*. Er ersetzt jedoch nicht die Notwendigkeit einer intensiven und dauernden Kommunikation bei allen Gelegenheiten und auf allen Ebenen. Damit sich Mitarbeiter mit den Werten und Zielen der Unternehmung identifizieren können, muss das gesamte Unternehmen von diesen Werten und Zielen durchdrungen werden und durchdrungen sein.

Nur das ständige Erläutern und Erklären der Ziele, der Wertsysteme und Verhaltensregeln des Unternehmens schaffen das notwendige Vertrauen und damit die Identifikations- und Motivationsbasis, sich dafür voll zu engagieren. Der Mitarbeiter muss verstehen, wie ihn das Unternehmen sieht und was dies für ihn bedeutet. Auch muss er die Gelegenheit haben, seine Nöte und Probleme kundzutun. Die Mitarbeiter ihrerseits müssen lernen, Fragen zu stellen und nicht nur auf Informationen zu warten.

Erst die Auseinandersetzung mit den Mitarbeitern macht deutlich, was verstanden wurde, was nicht – oder was vielleicht missverstanden wird. Ich merke selbst oft, dass mir völlig gebräuchliche Begriffe teilweise nicht verstanden werden. Dies ist besonders schwer bei Werten, da jeder Mitarbeiter sein eigenes Werteprofil hat und Begriffe unterschiedlich interpretiert. Daher dauernde Kommunikation, formelle, informelle und vor allem spontane. Man muss Beispiele schaffen, an denen sich Mitarbeiter orientieren können, man muss sichtbar machen , was man unter einem *Unternehmen von Unternehmern* versteht. Man muss verständlich machen, was dies für den Mitarbeiter auf der jeweiligen Ebene und in jeder Funktion heisst. Man muss Zeichen setzen. Der Mitarbeiter muss begreifen, wie er in seiner Funktion und an seinem Arbeitsplatz mitgestalten und Verantwortung tragen kann.

Diese Kommunikationsarbeit erfordert ein hohes Engagement und einen hohen Einsatz, vor allem seitens der Führungskräfte, nicht nur in der verbalen Kommunikation, sondern auch im Vorleben und Vorpraktizieren. Mitarbeiter achten sehr genau darauf, ob Worte und Taten in Einklang stehen, und die Gefahr ist gross, dass bei zu grossen Diskrepanzen die Glaubwürdigkeit der gesamten Führung leidet. Die einzelne Führungskraft muss für den Mitarbeiter sichtbar und greifbar werden.

Auch die gesamten Weiterbildungsaktivitäten im Unternehmen müssen so ausgerichtet werden, dass die Auswirkungen der Unternehmenskultur und Unternehmenspolitik auf die tägliche Arbeit aufgezeigt werden. Erst dann wird ihr Nutzen und damit ihre Notwendigkeit erkannt. Gerade interne Schulungsseminare bieten deshalb eine einmalige Gelegenheit für Führungskräfte, mit Mitarbeitern unterschiedlichster Prägung aus verschiedensten Organisationseinheiten und Bereichen einen intensiven Dialog zu führen und den *Puls zu fühlen*.

Ein Unternehmen von Unternehmern kann nur geschaffen werden, wenn der Persönlichkeitsentwicklung gleicher Stellenwert wie der fachlichen Aus- und Weiterbildung zugemessen wird. Ferner müssen die Linienvorgesetzten – und nicht die Personalabteilung – die Verantwortung für die Personalentwicklung voll übernehmen. Sie müssen sicherstellen, dass sich im Unternehmen genügend Unternehmer entwickeln.

Hierarchie und Status müssen entmystifiziert werden; dies gilt besonders für die Mitglieder der Geschäftsleitung. Sie dürfen nicht mehr als isoliertes *Unding* betrachtet werden, sondern als Menschen wie du und ich. Identifikation mit einem Unternehmen beschränkt sich nicht nur auf das Unternehmen als solches, sondern wird wesentlich mitgeprägt durch das Image und den Ruf der Führungskräfte und der Geschäftsleitung.

Ein «Unternehmen von Unternehmern» nur für Führungskräfte?

Grundsätzlich gehen wir davon aus, dass, wenn wir erfolgreich sein wollen, jeder in seiner Aufgabe mitgestalten und Verantwortung mittragen kann und auch muss. Wie schon einleitend erwähnt, variieren Umfang und Ausmass von Funktion zu Funktion. Bei Führungskräften wurde der Anspruch des unternehmerischen Denkens und Handelns schon immer vorausgesetzt. Unser Anspruch des unternehmerischen Tätigseins bezieht aber jeden Mitarbeiter ein, ungeachtet seiner Tätigkeit und Stellung. Unser Ansatz schafft die Möglichkeiten dazu.

Da ist zum Beispiel die Mitarbeit in Projektteams, welche bereichliche und überbereichliche Probleme bearbeiten und lösen. Die Mitarbeit in sogenannten Qualitätszirkeln, mit dem Ziel, das unmittelbare und mittelbare Arbeitsumfeld oder die Arbeitsabläufe zu gestalten, zu verbessern und wirtschaftlicher zu machen. Dieses Mitwirken bedingt intensive Kommunikation, das Herausarbeiten von Problemen, das Aufzeigen und Erkennen von Zusammenhängen, das Schaffen der Möglichkeiten, diese auch selbst zu lösen und in die Praxis umzusetzen. Dadurch erhalten die Mitarbeiter Informationen aus anderen Bereichen, die ihr Arbeitsgebiet betreffen, ihnen aber als solche vielleicht bisher nicht bekannt oder für sie von wenig Interesse waren. Damit wird schrittweise der Betrachtungshorizont der eigenen Arbeit und ihrer Auswirkungen auf das Unternehmen und der eigenen Möglichkeiten erweitert. Man denkt und handelt in grösseren Zusammenhängen, also unternehmerisch.

Qualitätszirkel bzw. Arbeitsgruppen mit analogen Zielsetzungen können auch in den Verwaltungsbereichen der Forschung und Entwicklung, des Verkaufs und allen übrigen Funktionsbereichen des Unternehmens etabliert werden. Neben den unmittelbar für das Unternehmen nutzbaren Ergebnissen trägt die Mitarbeit in derartigen Teams auch wesentlich zur persönlichen Entwicklung und Entfaltung der Mitarbeiter bei. Sie stärkt das Vertrauen in die eigenen Fähigkeiten, lehrt Probleme zu erfassen, zu beschreiben, zu analysieren, Lösungen auszuarbeiten, diese zu präsentieren, umzusetzen und den Erfolg zu kontrollieren. Dies wiederum bringt den persönlichen Einsatz in Beziehung mit dem erreichten Ergebnis und trägt wesentlich zur Entwicklung der Teamfähigkeit bei.

Damit ist beispielhaft gezeigt, dass bei genügend Willen und Kreativität sich unzählige Möglichkeiten und Anreize schaffen lassen, die unsere Mitarbeiter zu einem stärkeren Mitbeitragen und Übernehmen von Verantwortung motivieren.

Der Weg ist das Ziel

Die Realisierung der Idee eines *Unternehmens von Unternehmern* ist ein langfristiger Prozess. Sie impliziert eine Veränderung unseres Verständnisses der Unternehmensführung. Sie erfordert die Identifikation der gesamten Geschäftsleitung und des Führungskaders im hergebrachten Sinn mit dieser Idee. Nur wenn sie von allen getragen, vorgelebt und praktiziert wird, kann sie auch erfolgreich umgesetzt werden. Es reicht nicht, sich nur um die grossen Angelegenheiten zu kümmern, sondern es gilt auch, den sogenannten Kleinigkeiten Aufmerksamkeit zu schenken. Gerade an ihnen wird vielfach geprüft, ob man es mit der Umsetzung dieser Vision wirklich ernst meint. Der Prozess ist nicht einfach. Es wird immer wieder Mitarbeiter geben, die einen solchen Prozess – aus welchen Gründen auch immer – boykottieren oder gar sabotieren.

Entscheidend ist, dass klare Spielregeln und Rahmenbedingungen gesetzt und auf ihre Einhaltung geprüft werden. Konsequente Verfolgung und Durchdringung eines Unternehmens mit dieser Vision kann auch heissen, sich von Mitarbeitern trennen zu müssen, die immer wieder gegen sie verstossen. Nicht anders als im Sport, wo es ebenso Regeln und Ausschlüsse gibt. Dies trotz hoher sachlicher Kompetenz. Wenn man als Team stark sein will, muss man Teamspieler sein. Man muss gemeinsame Werte und Ziele haben. Wenn hier ein Konflikt entsteht, wird Arbeit zur Belastung – für beide Seiten.

Durch die Konzeption des *Unternehmens von Unternehmern* soll erreicht werden, dass Mitarbeiter durch Informationen, Ausbildung, materielle und immaterielle Anreize nach innen und nach aussen unabhängiger gemacht werden und damit als eigenständige Träger des

Fortschritts im Unternehmen wirken und sich mit diesem identifizieren.

Viele Mitarbeiter haben die Qualifikation, ein eigenes Unternehmen zu führen, oder in einem anderen Unternehmen die Gelegenheit, höher dotierte oder mit mehr Status versehene Funktionen zu übernehmen – und sie tun es dennoch nicht. Vielleicht liegt das Geheimnis darin, dass das Unternehmen ihnen eben diese Möglichkeiten zur Selbstverwirklichung und der persönlichen Erfüllung gibt, dass das Umfeld stimmt, man sich in diesem Unternehmen wohlfühlt, sich mit ihm identifiziert und auf es stolz ist. Wo man beitragen und seinen Beitrag auch sehen kann. Wir sind der Überzeugung, dass mit diesem Ansatz *Unternehmen von Unternehmern*, dem Vorleben und Vorpraktizieren desselben, die Grundvoraussetzungen geschaffen sind, um den Erfolg des Unternehmens und der Mitarbeiter zu sichern. Dieser Prozess wird nie abgeschlossen sein, und das Faszinierende daran ist: Je weiter man diese Vision verwirklicht, um so mehr Möglichkeiten eröffnen sich. Die Führung solcher Unternehmen wird dadurch nicht einfacher, dafür aber wesentlich interessanter.

«Wir leben Leadership»

Leadership leben heisst, den permanenten Wandel als Chance sehen. Es heisst, gemeinsame Werte und Ziele haben, zu persönlichem Commitment und Zusammenarbeit bereit sein. Leadership leben bedingt ein Verhalten, das von Offenheit, Kreativität, Fairness und dem Willen zur ständigen Verbesserung geprägt ist. Bedeutet das Wissen um die hohe Selbstverantwortung für die Gestaltung der Zukunft.

Gerry Leumann

Bekenntnis zur täglichen Erneuerung

Bekenntnis zur täglichen Erneuerung

Literatur, Seminare und Diskussionen um das «Neue Denken» prägen die Gegenwart und die letzten Jahre. Der von Fritjof Capra als Buchtitel verwendete Begriff ist auch im Bereich der Unternehmensführung zum Sammelbecken für alles geworden, was den bis anhin vorherrschenden Wertvorstellungen nicht mehr so ganz entspricht. Paradigmenwechsel, Ablösen vom Kartesianischen Weltbild, kybernetische Systeme, vernetztes Denken, weiche Werte, Intuition: das sind die Schlagworte, die für eine Mischung verschiedenen Gedankenguts und verschiedener Erkenntnisse stehen. Einiges davon ist neu. Einiges darf als wiederentdeckt gelten. Einiges lebt heute in anderen Kulturkreisen als Selbstverständlichkeit. Vieles ist wertvoll, vieles ist fragwürdig. Alles ist erwägenswert.

«Neues Denken»: Offenheit oder neues Dogma?

Mein Werdegang als Unternehmer ist unmittelbar mit der Entwicklung der vornehmlich im chemisch-technischen Bereich tätigen Ebnöther-Gruppe verknüpft. Schon 1973 – ich habe die Gruppe fünf Jahre später mit meinem Partner zusammen vom Gründer erworben – begann ich mit der faszinierenden Aufgabe, die produktorientierten Ebnöther-Unternehmen Schritt für Schritt auf den Markt auszurichten. Es gelang mir weitgehend, Marketing als die unternehmerische Grundhaltung schlechthin bei Ebnöther zu verankern und damit Kundenbewusstsein und Kundennähe zu vertiefen.

Es sind allein die Menschen, die letztlich meine Unternehmen prägen. Diese Menschen werden in der absehbaren Zukunft der Unternehmen eine immer stärker Einfluss nehmende Rolle spielen. Im weiteren Verlauf der Entwicklung wandte sich darum meine Aufmerksamkeit in überdurchschnittlichem Masse den Mitarbeitern und ihrer Beziehung zu den Unternehmen zu. Es war mir klar, dass wir unseren Erfolg in einer Zeit der schnellen Veränderung und eines tiefgreifenden Wertewandels immer härter erarbeiten müssten, und ich wollte in meiner Führung rechtzeitig Grundlagen schaffen, um auch unter erschwerten Rahmenbedingungen der Zukunft zu bestehen.

Anfang der achtziger Jahre setzte eine Welle von Publikationen ein, die zum Teil später unter «Neues Denken» klassiert wurden: Frederic Vester, Marylin Ferguson, Fritjof Capra, Tom Peters oder Robert H. Waterman sind einige der Namen, die neben den klassischen Marketing-Autoren meine Beachtung fanden. Ich stiess in diesen Werken da und dort auf Lösungsansätze oder auch Antworten auf Fragen, die mich als Unternehmer in der Periode des starken gesellschaftlichen Umbruchs beschäftigten. Ich fand zum Teil auch Bestätigung für Schlüsse, die ich aus meiner Erfahrung und meiner eigenen Analyse der ablaufenden Entwicklung gezogen hatte. Aufgefallen ist mir auch, dass gewisse wenig beachtete Überlegungen, die viele Jahre vorher von andern Autoren da und dort entwickelt worden waren, mit dieser Welle plötzlich an Aktualität gewannen.

Teilweise stark emotional, teilweise völlig rational ausgerichtet, begannen die Publikationen dieser Zeit einen Geist zu vermitteln, der nach dem Ganzheitlichen strebt. Auch die Wiederentdeckung oder Akzeptanz der Intuition neben dem ausgeprägt rationalen Denken zeichnet die Welle aus, die, wie alles, das in die Managementlehre hineinspielt, natürlich auch ein wenig Modeerscheinung wurde. Ungeachtet dessen ist die Grundbotschaft, die von der Welle neuer Publikationen ausgeht, sehr wertvoll. Sie ist nicht zuletzt auch ein Spiegel des Wandels gesellschaftlicher Werte und Haltungen, den es laufend genau zu betrachten gilt.

Wie die eine oder andere Version des «Management by» riskiert natürlich «Neues Denken», zu einer Glaubensfrage, zu einem Dogma zu werden, wenn wir bestimmte Aussagen von prominenten Exponenten als «neue» gültige Grundsätze einfrieren. Anderseits ist es dort auf dem Weg zu einer Worthülse, wo es für vieles herhalten muss, das wenig mit den unter dem Begriff zusammengepackten Strömungen zu tun hat.

Wie auch immer: Was uns diese Entwicklung der jüngsten Jahre wirklich lehrt, ist die Bedeutung einer offenen, wachen Geisteshaltung für eine gesunde Weiterentwicklung von Unternehmen und Gesellschaft. Mir persönlich erscheint die Thematik der kybernetischen Systeme und des zu ihrem Verständnis notwendigen vernetzten Denkens eine der wertvollsten Erkenntnisse, die mit der Welle «Neues Denken» zum Teil aktualisiert, zum Teil weiterentwickelt wurden. Verbunden mit einem Bekenntnis zur Intuition in der Führung vermittelt sie ein Verständnis für die Aufgabe und Rolle des Unternehmens in seinem Umfeld, das neue Perspektiven und Möglichkeiten eröffnet.

Leben mit der Veränderung

Es sind wie erwähnt in erster Linie Menschen, die ein Unternehmen ausmachen. Sie sind das Unternehmen. Kein Wunder, dass sich das Unternehmen nicht wie eine riesige Mechanik auf Knopfdruck führen lässt, denn wir haben es mit etwas zu tun, das sich eher mit einem lebendigen Organismus vergleichen lässt. Seine verschiedenen Organe und Zellen sind laufend aktiv und in Bewegung. So verstanden, nehmen die verschiedenen Organe zusammen als ganzes Unternehmen – analog einem Organismus – innerhalb der menschlichen Gesellschaft eine Reihe von wichtigen Aufgaben, Funktionen wahr.

Auf den ersten Blick ist daran nichts Neues. Wirtschaftstheoretiker haben ihre Arbeit schon von ganz früh an auf Formen der Versorgung der Gesellschaft mit Gütern und Dienstleistungen ausrichten müssen. Solche Betrachtungen scheint mir aber meistens ein mechanistisches Denken auszuzeichnen. Wenn wir das Unternehmen hingegen ähnlich wie einen Organismus verstehen, der aus zahlreichen einzelnen Menschen besteht, die alle nicht nur Mitarbeiter, sondern gleichzeitig auch Väter oder Mütter, Söhne oder Töchter, Stimmbürger, Verbraucher, Anleger, Kunstliebhaber, Discogänger, Naturfreunde, Sportfans oder Aktivsportler sind, dann erkennen wir, dass dieses Unternehmen mehr als nur «Güter und Dienstleistungen für die Volkswirtschaft» produziert.

Hochsensibel in einem umfassenden Netz unterschiedlichster Beziehungen agierend und reagierend, pulsiert das Unternehmen unablässig und erbringt eine Unzahl von Leistungen gleichzeitig. Selbstverständlich müssen dabei bestimmte Leistungen im Vordergund stehen; es sind jene, die den Hauptaufgaben entsprechen, die das Unternehmen wahrnehmen will und kann. Auch hier offenbart der neue Blickwinkel ein anderes, weiteres Verständnis: So, wie ein Autohersteller erkennen kann, dass seine Aufgabe nicht der Autobau, sondern Verkehrsleistungen schlechthin sein könnten, oder eine Fluggesellschaft, anstatt Menschen durch die Luft befördern, ganz einfach Information vermitteln will, versteht z.B. unser Schmelzklebstoff-Spezialist Ecomelt AG seine Aufgabe im Markt der Babywindel-Produzenten gegenwärtig darin, Mutter und Kind den grösstmöglichen Komfort zu bieten. Aus dieser Geisteshaltung heraus haben die Mitarbeiter im Unternehmen eine ganz andere Zukunfts- und Entwicklungsperspektive – sie verstehen ihre Arbeit neu: als eine umfassende Aufgabe, nicht als einen Job.

Es ist offensichtlich, dass das Unternehmen auch aus dieser Sicht immer am engsten mit dem Markt vernetzt sein muss, wenn es sich das Potential fürs Weiterleben sichern will. Erkennen der Vernetzung führt aber dazu, dass die Grenzen des Unternehmens zu seinem Umfeld fliessend verstanden werden. Neue Formen der Zusammenarbeit auf Abnehmer- und Lieferantenseite, Kooperationen der einen oder andern Art gewinnen darum als Alternativen zu reinen Übernahmen an Gewicht.

Und auch hier: Der Markt sind Menschen. Das haben wegweisende Marketing-Köpfe längst erkannt, und ihre Erkenntnisse schlagen sich zunehmend im Verhalten führender Firmen von heute nieder. Über die Einsichten des Marketing und der Psychologie hinaus ist es aber auch hier das Verständnis für die Aufgaben und das Anliegen des Marktpartners «Mensch» in seinem individuellen Beziehungsnetz, das hilft, die Marktleistungen des eigenen Unternehmens richtig zu steuern.

Unser Umfeld und die Märkte sind unablässig in Bewegung. Diese Bewegung wird zudem laufend schneller. Richtig steuern kann deshalb nur heissen: sich richtig anpassen. Der Anpassungsdruck auf das Unternehmen wächst mit der Geschwindigkeit der Veränderungen um uns. Anderseits verändert sich unser eigener «Organismus» ohne spezielles Dazutun eigendynamisch, weil die Beziehungen der Menschen im Unternehmen unter sich, ihre Beziehungen nach aussen sowie die vollständig vom Unternehmen losgelösten privaten Vernetzungen des einzelnen Mitarbeiters täglich Veränderungen bewirken.

Das spüre ich besonders bei kleinen Teams in Pionierunternehmen, wo jede Bewegung sofort transparent wird. Aber auch in gefestigten oder sogar «verkrusteten» Unternehmen lässt sich beobachten, dass Bewegung stattfindet; hier eher im Innern wie bei einem Weichtier mit harter Aussenschale. All diese internen Veränderungen decken sich nun in häufigeren oder selteneren Phasen mit jenen, die der Anpassungsdruck vom Markt her verlangt.

Den Unterschied zwischen den äusseren und inneren Prozessen der Veränderung so gering als möglich zu halten, betrachte ich aus diesem Verständnis heraus als eine der wichtigsten unternehmerischen Aufgaben. Die Überzeugung, dass gezielte Veränderung machbar ist, und der Wille, sie durchzusetzen, zeichnet den Unternehmer aus. Daran ändert «Neues Denken» nichts. Was es geändert hat, sind das Verständnis für die Zusammenhänge und die Wege, wie Veränderung in eine gewollte Richtung erreicht werden kann. Nur: Woher kommen jene Impulse, die überhaupt sicherstellen, dass der Veränderungskurs richtig ist?

Unternehmensgeschichte wird von aussen geschrieben

Richtig ist der Veränderungskurs dann, wenn er ermöglicht, dass sich das Unternehmen gesund entwickelt. Gesund entwickelt es sich wiederum dann, wenn es seine Aufgabe auf dem Markt und in der Gesellschaft richtig wahrnimmt – wenn es eine sinnvolle Funktion wahrnimmt, die Bedürfnisse und Bedarf möglichst gut befriedigt. Diese Funktion muss heute in der Gegenwart stimmen, damit die Mittel zur Weiterentwicklung zur Verfügung stehen, und sie muss morgen stimmen, damit die Weiterentwicklung in Richtung einer erstrebenswerten Zukunft verläuft.

Unsicherheit, Risiko, Turbulenzen. Das sind die Stichworte, um welche die Überlegungen vieler Autoren und von noch mehr Unternehmensführern kreisen, wenn es um die Zukunft geht. Die Gegenwart lässt sich nicht mehr in die Zukunft extrapolieren. Also lässt sich der Kurs nicht mehr im voraus festlegen. «Die Unternehmensgeschichte wird», so habe ich unlängst an anderer Stelle einmal dargelegt, «von aussen geschrieben.» Die Frage ist somit, was ich vorzukehren habe, um sicherzustellen, dass es eine möglichst erfolgreiche Geschichte ist.

Denken und Handeln müssen in erster Linie aussenorientiert sein.

Das geht über die marktbezogene Unternehmensführung hinaus, weil das Unternehmen schlechthin in die Lage versetzt werden muss, nicht nur mit schnellen Änderungen des Umfeldes, sondern auch mit dem Unerwarteten richtig umzugehen. Geistige und organisatorische Flexibilität müssen rasche Umstellungen erlauben.

Wo aber beginnt das alles? Beim einzelnen Mitarbeiter. In Schlüsselfunktionen muss der Mitarbeiter sein Umfeld laufend auf Veränderungstendenzen prüfen, Trends vorwegnehmen und erst noch verhältnismässig schnell innovative Lösungen bieten können; sei dies in Form von Produkten, veränderter Marktbearbeitung, neuer Prozesse, Partnern oder Mitarbeiter-Teams mit entsprechenden Eigenschaften.

Um nicht in reaktives Handeln zu verfallen, ist entscheidend, dass im Umfeld erkannte Trends vorweggenommen und mit eigener Initiative verstärkt werden. Damit wird es möglich, die ohnehin ablaufende Veränderung gestalterisch mitzuprägen. Beispiel aus der technischen Chemie unserer Unternehmen ist die Diskussion um Lösungsmittel in Klebstoffen, die wir produzieren, oder in Farben oder Verputzen, für die wir Bindemittel herstellen. Wir haben längst vorweggenommen, dass aufgrund der laufend neu hinzukommenden allgemeinen Erkenntnisse Lösungsmittel früher oder später unter Beschuss geraten würden.

Vor Jahren haben wir bei Ebnöther festgelegt, dass keine Produkte auf der Grundlage von Lösungsmitteln mehr entwickelt werden dürfen. Wir zahlen dafür auf dem Markt einen Preis für nicht realisierte Marktanteile, weil unsere Kunden oft noch die konventionellen Produkte vorziehen, um Umstellungen zu vermeiden. Bei Ebnöther wiederum sind wir überzeugt, dass wir auf dem richtigen Weg sind und uns die Zukunft bestätigen wird. Wir sind darum auch gewillt, eine «Durststrecke» dort zurückzulegen, wo sie der Preis für diese Veränderung ist. Mit unserer Werbung und Schulung engagieren wir uns gegenwärtig zur Beschleunigung des Trends, wissend, dass wir gleichzeitig am Horizont bereits nach weiteren Verschiebungen Ausschau halten möchten.

Diesen Weg kann nur gehen, wer lernwillig und lernfähig ist. Ein wacher, kritischer Geist, Beweglichkeit, Reaktionsvermögen und leistungs- statt hierarchiebezogene Ambitionen sind Eigenschaften, die ein guter Mitarbeiter und schon gar ein fähiger Kadermitarbeiter haben muss, wenn er bei der Veränderung gestaltend mitwirken will.

Umgekehrt sind diese Eigenschaften, gepaart mit dem fachlichen Know-how, Voraussetzung für den Erfolg des ganzen Unternehmens.

Den Willen zur Selbständigkeit und zu guter Leistung setze ich bei jedem Mitarbeiter voraus; «Intrapreneurship» wird nicht durch die entsprechende Führung allein gemacht – sie liegt dem Menschenbild zugrunde, das ich meinen Mitarbeitern entgegenbringe. Führungsleute sind zu Überdurchschnittlichem fähig, wenn sie ihre Aufgabe als «Mission» mit einem sinnvollen Inhalt verstehen und leben. Einer solchen Mission aber muss eine unternehmerische Vision zugrunde liegen.

Vision und innere Werte

Die unternehmerische Vision wird vom Unternehmer persönlich geprägt. Er bildet den Kern, um den sich ähnlich Gesinnte zusammenfinden, die sich mit dieser Vision identifizieren und sie «übersetzt» weitertragen können. Damit ist gemeint, dass die Vision über Führungsleute ausstrahlen muss, obwohl sie nicht stur und dogmatisch übertragbar ist. Vom Unternehmer auf ihre Essenz vereinfacht, lebt sie in den Unternehmen in individuell ausgeprägten Variationen weiter. Für die unterschiedlichen Erscheinungsformen gibt es solange kein «Richtig» oder «Falsch», als sie auf einer spürbar echten Identifikation des einzelnen führenden Mitarbeiters beruhen.

Die verschiedenen Erscheinungsformen der gemeinsam getragenen Vision prägen Potential und Entwicklungsrichtung der Unternehmensgruppe: Als Rahmen dafür bot sich für mich die gezielte Entwicklung und Vertiefung gemeinsamer innerer Werte und Normen, in denen die Geisteshaltung des Marketings sowie unsere unverwechselbaren Eigenschaften, die unsere Marktposition ausmachen, gefestigt werden. «Unternehmenskultur» heisst das Stichwort, das dafür in die Managementlehre einging. Mein Ziel war und ist es, Sinn für menschliches Schaffen zu vermitteln und unsere Werte klar zu definieren; sie lebendig, fassbar und bewusst zu machen, damit alle bei Ebnöther trotz schneller Veränderungen einen inneren Halt finden und mit Zuversicht jener groben gemeinsamen Entwicklungsrichtung folgen können, die uns für den Erfolg richtig und wichtig erscheint.

In Form der von mir verfassten «Erklärung von Engelberg» habe ich meine Grundsatzerklärung zur Unternehmenskultur der Ebnöther-Gruppe verbindlich niedergelegt. Sie zielt auf eine Kultur, die dem Kundennutzen erstrangige Bedeutung beimisst; auf eine Führung, die sich von unten nach oben wie von oben nach unten orientiert; auf Teams von Mitarbeitern, die selbständig Erfolg suchen und sich periodisch neu orientieren; auf eine offene, experimentierfreudige Haltung, die Raum für Fehler lässt, aus denen wir lernen können; auf flache, durchlässige Strukturen; und auf einen hohen Informationsstand und hohe Informationsbereitschaft der Mitarbeiter.

Diese Grundsatzerklärung ist Basis für die Führungsarbeit und für sämtliche Aktivitäten zur Pflege des angestrebten kulturellen Rahmens. Die stark persönlichkeitsbezogene Weiterbildung der Kader unterstützt und vertieft die Werthaltung und den verfolgten Führungsstil, der nicht allein in einem Führungsleitbild festgehalten ist, sondern durch Vorleben der Führungsleute ausstrahlen soll. Aus dieser Perspektive ist auch verständlich, dass für uns die Werthaltung und die Persönlichkeit des Mitarbeiters noch wichtiger sind als das reine fachliche Know-how.

Wir versuchen, in allen Formen unserer Kommunikation – von der persönlichen Begegnung unter Mitarbeitern bis zum Marktauftritt unsere Werte und unseren eigenständigen Stil zu pflegen und zum Ausdruck zu bringen. All die Dinge, die uns wichtig sind, darunter die Sprache, die Umgangsformen, die Anlässe (Rituale), die Dokumente und Drucksachen gestalten wir bewusst mit Blick auf unser Ziel. Die Mitarbeiterbetreuung durch den Personalbereich gestaltet die Kultur entscheidend mit und orientiert sich umgekehrt an ihr.

Der Rahmen wird parallel zur Kultur, die eine Orientierungshilfe im Wandel darstellt, durch die weiteren für die unmittelbare Geschäftstätigkeit entscheidenden Faktoren mit wirtschaftlichen Schwerpunkten geprägt. Sie entspringen der klassischen Managementlehre. Es sind dies die Unternehmensstrategie, mein jährlicher «Wegweiser» zum Zustand und zur Zukunft der einzelnen Unternehmen sowie die zur Aktivität zur Verfügung stehenden finanziellen Ressourcen.

Die aussenorientierte Strategie zielt darauf, dass wache Mitarbeiter Informationen über Veränderungen und Trends im Markt bei den Kunden, bei den Lieferanten, bei Geschäftspartnern, in den Branchen, in Gesellschaft und Politik aufnehmen, anderen Mitarbeitern übermitteln und im Austausch umsetzen. Dieser Anstoss löst bei flexiblen und veränderungsorientierten Menschen einen Prozess des Denkens und Handelns aus, der zu neuen Entwicklungen, Marktleistungen, Problemlösungen, Prozessen usw. führt. So haben bei Ebnöther die intensive Auseinandersetzung mit den eigenen Entsorgungsfragen der Firmen unserer Gruppe und eine scharfe Beobachtung der gesellschaftlichen Probleme und Entwicklungstendenzen auch dazu geführt, dass wir uns mit zwei ausschliesslich dafür gegründeten Pionierunternehmen im Bereich der biologischen Schadstoffentsorgung von Boden und Grundwasser sowie in jenem der Abwasseraufbereitung ohne chemische Zusätze engagiert haben.

Aufgabe des Unternehmers ist es, Veränderung sicherzustellen. Der Unternehmensführer muss unablässig mit Impulsen fein, aber bestimmt auf den «Organismus» einwirken, damit dieser genug in Bewegung bleibt und der Bewegungsablauf sich im Rahmen des Möglichen noch besser auf die Bewegungen im äusseren Umfeld einstellt. Das setzt voraus, dass er sich auf eine Unternehmenskultur verlassen kann, die bewirkt, dass die Mitarbeiter «automatisch» das Richtige im Sinne des Unternehmens tun, wenn sie mit einer bestimmten Situation oder Entwicklung konfrontiert sind. Sie können das dann, wenn sie abgesehen von ihrer fachlichen Qualifikation wissen und erfahren haben, welche inneren Werte ihr Handeln bestimmen; wenn ihrem Wirken ein tieferer Sinn zugrunde liegt, dem sie verpflichtet sind und der ihnen Befriedigung in ihrer Aufgabe vermittelt.

Innere Werte sind feste Werte. Sie sind für mich die unverrückbaren Eckpfeiler für alle Aktivitäten unserer Unternehmen. Im Gegensatz dazu ist alles andere veränderbar – ja muss sich laufend verändern. Dieser Zusammenhang nun scheint mir entscheidend: Der Mensch kann mit den Veränderungen um so besser umgehen, je stärker die inneren Werte ihm Vertrauen und Halt bieten. Es ist die vornehme Führungsaufgabe, diese Werte zu vermitteln und zu sichern.

Bekenntnis zur täglichen Erneuerung

Als Unternehmer habe ich mich vor diesem Hintergrund schon wiederholt gefragt, was mich – abgesehen von meinem Bedürfnis, zu gestalten und Dinge auf dieser Welt zu bewegen – dazu führt, mich derart stark für Unternehmen, Mitarbeiter, Kunden, Lieferpartner und Umfeld zu engagieren. Das persönliche Streben nach Gelingen, der eigene Anspruch an mich selbst und die Freude am Gelingen sind an der Basis sicherlich die zentralen Beweggründe für mein Engagement.

Wenn unsere Kunden Marktleistungen von uns abnehmen, weil sie unsere Leistungen schätzen und ihnen diese Zusatznutzen bringen, wirkt das ermunternd. Wenn als Resultat guter Leistungen im Rahmen einer gewinnenden Unternehmenskultur eine ansteckend-konstruktive Atmosphäre unter Mitarbeitern heranwächst und gute wirtschaftliche Ergebnisse die Folge davon sind, dann ist ein Ziel dieses Engagements erreicht. Es ist zweifellos ermutigend, wenn Markt und Mitarbeiter die eingebrachte unternehmerische Überzeugung honorieren. Gleichzeitig fliesst aus dem heute gültigen Verständnis unternehmerischen Wirkens auch die Freude an der menschlichen und fachlichen Entwicklung der Mitarbeiter sowie an ihrem und am eigenen Lernen.

Führungsleute und der Unternehmer selbst haben das Privileg, aus ihren Handlungen unmittelbar in grösseren Zusammenhängen lernen zu können. Ergebnisse, gewollte und ungewollte Wirkungen von Handlungen werden vom lernfreudigen Menschen in Erkenntnisse umgesetzt. «Negative Rückkoppelung», wie dies die Systemtheorie nennt, hilft Leistungen verbessern und die Menschen, das Umfeld und die Welt immer ein Stückchen besser verstehen.

Lernfreudig sein heisst auch offen sein. Offensein und vernetztes, ganzheitliches Denken tragen dazu bei, mit dem schon gestreiften Grundgesetz des Lebens und des Marktes sowie des Unternehmens konstruktiv und produktiv umzugehen: mit der Veränderung. Es sind die Freude am Gedeihen des Unternehmens, die eigene persönliche Entwicklung und das Erkennen des unablässigen Wandels im Markt, im Unternehmen und in seinem Umfeld, die mich gelehrt haben: Die Erneuerung im Unternehmer selbst und im Unternehmen muss täglich bewusst erfolgen.

Wille und Fähigkeit zur stetigen Erneuerung erlauben es, unablässig neue Erkenntnis und neues Wissen über uns selbst und die Umwelt in die Unternehmensführung einfliessen zu lassen. Damit Neues entstehen kann. Damit die Zukunft Umrisse gewinnt.

Reto E. Meier

Können wir überleben?

Niemals in der Geschichte und im Leben gab es nur Chancen, es gab immer auch Risiken.

Niemals in der Geschichte und im Leben gab es nur Risiken, es gab immer auch Chancen.

Dies scheint auch in der Gegenwart Gültigkeit zu haben. Aber anders – und zwar wesentlich – ist heute, dass die Unsicherheit über Risiken und Chancen der Zukunft viel grösser als jemals ist. Wenn im folgenden – ohne Vollständigkeitsanspruch – Thesen aufgestellt werden, so bedeutet das eben Erwähnte, dass nicht alle Analysen mit Sicherheit ins Schwarze treffen.

Erste Risiko-These: Übervölkerung

Die Welt platzt aus ihren Fugen. 1815 beherbergte die Erde noch 1 Milliarde, 1960 3 Milliarden, 1987 bereits 5 Milliarden Menschen. Bis Mitte des nächsten Jahrhunderts wird gar eine Verdoppelung der Bevölkerungszahl auf 10 Milliarden Menschen erwartet. Möglich ist, dass der Platz noch ausreicht, kaum jedoch die Nahrungsmittel und Rohstoffe. Ein gutes Geschäft wird dies wohl für die einen bedeuten, für die Mehrheit heisst dies aber: verschärfter Kampf ums Lebensnotwendige. Noch mehr Milliarden Menschen als heute werden an Hunger leiden, in Armut leben oder gar zu wenig zum Leben haben. Dies alles bedeutet nicht nur unvorstellbar viele traurige Einzelschicksale, es bedeutet auch Kampf ums Leben und damit Unruhe und Unsicherheit.

Zweite Risiko-These: Umweltzerstörung

Wasser, Boden und Luft werden heute derart belastet und verschmutzt, dass ernsthaft mit irreversiblen Folgen gerechnet werden muss. Mikro-Organismen – wie Menschen oder auch Unternehmen – scheinen die Makro-Probleme aus dem Griff verloren zu haben. Makro-Organisationen – wie Staaten – waren bis jetzt zuwenig einsichtsfähig, jedenfalls nicht handlungsfähig. Eigentliche Teufelskreise entstehen noch zusätzlich durch den Streit der Experten, die Inkompetenz oder Kurzsichtigkeit der Politiker und das Fehlen von wirklichen Machern auf allen Stufen, Machern mit ganzheitlichen Fähigkeiten. Ernstzunehmende Resignierende verbreiten bereits die Ansicht, dass letztlich die Erde ihr Ökosystem selber regeln und die wesentlichen Störfaktoren ausschalten wird, nämlich die Menschen.

Dritte Risiko-These: Wohlstand

Die positive Konjunkturentwicklung der Nachkriegsjahrzehnte raubte vielen ihre ursprünglichen Ziele. Parteien, Verbände, Gewerkschaften, auch Menschen sind gemeint. Mann, Frau haben heute – zumindest in der Schweiz – alles oder eher zuviel. Desinteresse ist eine Folge, eine andere die Polarisierung für Partikular-Interessen ohne langfristigen Sinn; von linksextrem bis rechtsextrem, von der grünen «Gegen-alles-Revolution» bis zur autofreundlichen Reaktionärsschaft.

Zuviel gibt es – konkreter gesagt – an Sicherheit, an Einkommen, an Freizeit und anderem. Der Kapitalismus ist heute der Kreditkarten-Gesellschaft gewichen. Nicht mehr Aufschub von Trieben, sondern schneller Konsum ist Mode; Konsum, der erst noch später bezahlt werden muss, vielleicht im besseren Fall mit dem eigenen Leben, im schlechteren Fall mit der Existenz künftiger Generationen.

Aber auch normaler Konsum genügt längst nicht mehr. Man konsumiert heute nicht mehr primär aus eigenem Spass oder gar Lust daran, sondern oft allein deswegen, damit andere Leute einem zusehen können, wie und was man sich leisten kann. Der Hang zu Luxus und Prestige sind die Folgen. In einer Zeit, wo die Mehrheit der Menschheit an Hunger und Elend leidet, die Konkurrenten auf den Weltmärkten – wie die Schweizer vor 50 oder 70 Jahren – «krampfen», sind unsere Hauptprobleme schon nicht mehr das Automodell, sondern dessen Ausstattung, etwa mit Klimaanlage, Telefon und CD-Player!

Vierte Risiko-These: Dienstleistungsgesellschaft

Im Gegensatz zu den meisten Ländern unserer Erde gibt es in der Schweiz praktisch keine Arbeitslosigkeit. Das Angebot an Arbeitskräften reicht bei weitem und schon lange nicht mehr, um die Nachfrage zu decken. Als eine der Folgen ist der Preis des Produktionsfaktors Arbeit übermässig gestiegen. Beispielsweise machten vor kurzem die durchschnittlichen Lohnkosten von Lissabon lediglich 13% derjenigen von Zürich aus. Der Werkplatz Schweiz ist abnehmend und hat – wenn dies so weitergeht – keine Überlebenschance. Mitverantwortlich für die erwähnte Problematik ist die Entwicklung der Schweiz zur Dienstleistungsgesellschaft. Auch wenn dieser Pfad zurzeit noch so erfolgreich und verlockend ist, verläuft er doch am Rande des Abgrundes. Je schwächer nämlich das Fundament einer Wirtschaft im sekundären, d.h. industriellen Sektor wird, desto verwundbarer wird die Volkswirtschaft. Je mehr Dienstleistungen, desto höher also das Risiko, weil der Weg zur Dienstleistungsgesellschaft zunehmend die positiven Multiplikator-Effekte der Industrie vernichtet. Schätzungsweise ist die Herstellung etwa einer Werkzeugmaschine oder eines Ölbrenners zehnmal wertvoller für die Volkswirtschaft als der Verkauf einer Versicherungspolice oder das Warten einer Bankbeamtin an der Kasse auf den nächsten Kunden. Solchen Dienstleistungen fehlt, wie gesagt, weitgehend der Multiplikator-Effekt des sekundären Sektors. Eine Schweiz ohne bedeutende industrielle Tätigkeit ist vielleicht vorstellbar, aber ausserordentlich risikobehaftet. Wer soll dereinst noch forschen, entwickeln, Rohstoffe, Material und Halbfabrikate einkaufen? Was soll finanziert, versichert, transportiert werden?

Fünfte Risiko-These: Die vinkulierte Gesellschaft

Eigentlich sollte die Geschichte, auch diejenige der Kriege, lehren, dass wirklich erfolgreiche Verhaltensweisen oder Handlungen seit jeher Angriffsstrategien gewesen sind. Zum Glück ist diese Aussage für die Geschichte der Eidgenossenschaft zwar nicht allgemeingültig. Verteidigung war Trumpf, sinnvoll und auch erfolgsgekrönt. Nun scheint allerdings diese Mentalität, auch unter weitgehend veränderten Rahmenbedingungen, nach wie vor vorherrschend zu sein. Genauso wie es vielen Militärs schwerfällt, Glasnost und Perestroika in ihr Weltbild zu integrieren, ist es vielen Schweizer Unternehmen sehr schwer gefallen, von Verteidigung auf Angriff umzustellen. Man hat sich seit einiger Zeit ja so gemütlich und sicher eingerichtet. Die Vinkulierung schien den eigenen Stuhl oder das Mandat mit Honorar bis ins hohe Alter zu schützen. Man konnte und wollte konsumieren, verwalten, bestenfalls verteidigen. Und nun soll dies alles keine Geltung mehr haben?! Warum braucht es plötzlich ausländische oder branchenfremde Macher und Manager, die alteingesessene Unternehmen – falls sie überhaupt noch vorhanden sind – aus dem Schlaf zu rütteln oder aus der Agonie zu retten wagen? Die «Insulaner» konzentrieren sich in ihrer vielleicht letzten Schlacht auf immer wieder neue Abwehrdispositive für Schweizer Unternehmen und übersehen dabei gerne neue Herausforderungen, beispielsweise der EG oder noch viel globalerer Art.

Genug der Risiken; welches sind unsere Chancen?

Erste Chancen-These: MBO

Gemeint ist «Management by optimism». Resignation ist immer falsch, nur eine positive, offensive Haltung erlaubt, die Zukunft mitzugestalten. Grundsätzlich gilt: je mehr Veränderungen, desto mehr Möglichkeiten in der Zukunft. Jedes Problem birgt eine oder mehrere Chancen!

Zweite Chancen-These: Sinngebung

Nicht nur das Unternehmen oder unternehmerisches Tun sollte Ziele, sondern auch das eigene Leben sollte einen Sinn haben; aber welchen? Keine Ahnung, abgesehen vielleicht davon, dass es wohl keinen alleinigen Sinn gibt, ja geben darf. Antworten auf die Sinnfrage würden auch die individuelle Suche nach dem Sinn stoppen. Man sollte aber suchen. Dafür ist es notwendig, empfindsam zu bleiben, aber ohne – wie gesagt – Optimismus und auch Lust wird man kaum gross fündig. So wie es keinen alleinigen allgemeingültigen Sinn des Lebens gibt, bestimmt wohl auch unternehmerisches Tun eine Fülle von Zielen. Sinn oder Zielgebung müssen individuell nach Bedürfnissen und Möglichkeiten sicherlich in einer Wert-Hierarchie bestimmt werden. Ein Sinn des Lebens und ein zentrales Ziel des Unternehmens haben aber sowohl an Allgemeingültigkeit wie an Bedeutung gewonnen. Gemeint ist, dass verantwortungsbewusstes Leben und Handeln heute mehr denn je das Überleben im Fokus haben muss; das Überleben von Generationen und das Überleben von Unternehmen.

Dritte Chancen-These: Umweltschutz

Durch konzertierte, globale Aktionen scheint es durchaus möglich, unsere Umwelt nachhaltig zu sanieren. Dabei gilt es zwei Grundsätze zu beachten: Umweltschutz kommt vor Marktfetischismus, Ökologie aber nicht vor Ökonomie. Will heissen:

Erstens kommt man um Markteingriffe nicht herum, will man das Verhalten der Menschen und Organisationen ändern. Freiwillig fährt niemand 120 km pro Stunde auf der Autobahn oder zahlt den vierfachen Preis für einen FCKW-Ersatzstoff oder den doppelten Preis für die neuste Innovation eines schadstoffarmen Ölbrenners.

Zweitens ist jedoch zu beachten, dass ein wirksamer Umweltschutz langfristig ohne intakte Wirtschaft nicht denkbar ist. Umweltschutz wird teuer zu stehen kommen und muss deshalb durch eine leistungsfähige, gesunde Wirtschaft finanziert werden können. Letztlich wird Umweltschutz nur durch Innovationen möglich sein. Bereits gibt es sehr viele konkrete Beispiele, die aufzeigen, dass dank neuen Technologien die Umwelt geschont und die Welt erhalten werden kann. Voraussetzung ist, dass global nun nicht nur gedacht, sondern auch gehandelt wird, und zwar unbeeinflusst von Partikularinteressen, Ideologien und Einsichtslosigkeit. Wer Beweise, beispielsweise für den ernstzunehmenden Treibhauseffekt, verlangt, der soll besser sein Exil vorbereiten. Ein Exil auf einem sicherlich unwirtlicheren Planeten, denn wenn die definitiven Beweise für unsere Umweltzerstörung vorliegen, wird es für die Welt zu spät sein.

Vierte Chancen-These: Wachstum

Wachstum, dies ist offensichtlich, steht im krassen Widerspruch zu den übergeordneten Forderungen nach Umweltschutz, vor allem auch zur Erkenntnis, dass unsere Welt endlich und nicht aufblasbar ist. Und dennoch ist Pragmatismus notwendig, wenn man die Angelegenheit aus einer anderen Perspektive, nämlich derjenigen des Unternehmens in einem immer globaleren Wettbewerb, betrachtet. Wachstum ist eine der Überlebensstrategien für ein Unternehmen. Solange Wettbewerber wachsen, gar noch schneller als das eigene Unternehmen, kommt keine Erfolgsstrategie daran vorbei. Grösse wird für viele Unternehmen zu einem der wichtigsten Überlebensfaktoren. Dabei kann man vieles richtig, aber auch alles falsch machen. Grösse allein wird niemals ein Garant für Erfolg sein. Vielleicht nimmt mit der Grösse die Macht zu, damit einhergehen werden aber auch meistens der Konservativismus, die Verkrustung, Unbeweglichkeit und das Sicherheitsdenken. Wenn schon Wachstum oder Grösse, dann nur unter Einhaltung solch wichtiger Grundsätze wie Dezentralisation, Flexibilität und Diversifikation. Last but not least sind weitere wichtige Erfolgsfaktoren die Motivation und die Kreativität. Auch diese beiden Faktoren gedeihen viel eher in kleineren, dezentralen Organisationseinheiten als in grossen.

Und noch etwas: Es gibt verschiedenartiges Wachstum; externes und internes. Externes Wachstum, d.h. Wachstum durch Akquisitionen, erscheint gerade unter dem Gesichtspunkt einer endlichen Welt ökologisch vertretbarer zu sein als internes Wachstum. Externes Wachstum beansprucht nicht neuen Markt, man kauft vorhandenen Markt ein und sichert hoffentlich damit noch Arbeitsplätze. Externes Wachstum kann solch moralischen Anforderungen aber nur genügen, wenn es durch Investoren und nicht durch Raider betrieben wird. Beide tun an sich das gleiche: sie kaufen Unternehmen. Und dennoch besteht ein gewaltiger Unterschied. Der Investor analysiert ein Unternehmen, kauft Aktien, die 700 wert sind, zu 1000, weil er überzeugt ist, langfristig den Wert auf 1200 steigern zu können. Der Raider kauft Aktien, die 1000 wert sind, zu 700, weil er eine andere Absicht hat. Der Raider sucht den kurzfristigen Gewinn, der Investor den langfristigen Erfolg. Der eine realisiert, der andere arbeitet.

Fünfte Chancen-These: Menschen

Unruhige und unsichere Zeiten mit mehr Risiken und Chancen haben eine weitere, eigentlich ausserordentlich schöne und wertvolle Konsequenz. Der Mensch steht heute wieder mehr denn je im Zentrum. Menschen werden die Zukunft entscheiden, und trotz vieler Schatten scheint es gerade deshalb viel Licht zu geben. Feststellbar scheint, dass es verbreitet Junge und Jugendliche sind, die eine erhöhte Sensibilität und Motivation versprühen. Man glaubt, nicht nur eine neue Lust an der Technik feststellen zu dürfen, sondern auch ein neues Verhältnis zur Natur und Umwelt. Solche Menschen mit ganzheitlichen Interessen und Eigenschaften, mit Charaktereigenschaften, die vielleicht einmal verbreitet bei Pionieren festzustellen waren, sind unsere eigentliche Chance.

Können wir also überleben? Für Unternehmen scheint der Mut berechtigt, es zu glauben. Für die Welt scheint der Mut berechtigt, es zu hoffen.

Lukas Mühlemann

Strukturen für Unternehmer

Auch gut Etabliertes und Bewährtes ist immer wieder in Frage zu stellen. Dies gilt im Unternehmen, das eine wirtschaftliche Leistung erbringen muss und im Wettbewerb steht, ganz besonders. Die heutigen Strukturen der meisten mittleren und grösseren Unternehmen sind stark durch drei bewährte und etablierte Maximen erfolgreicher Unternehmensführung – das Streben nach Grösse, nach Arbeitsteilung und Spezialisierung und die damit verbundene Gliederung in tiefe und ausgebaute hierarchische Strukturen – geprägt. Im sich deutlich abzeichnenden, wesentlich anspruchsvolleren Wettbewerb der nächsten Jahre sind gerade diese drei Maximen zu überprüfen. Neues Denken kann hier neue Chancen eröffnen.

Grösse

Grossunternehmen sind traditionell die Stars der Wirtschaft. Zu Recht: In den Jahren zwischen 1950 und 1975 waren sie die unbestrittenen Wachstumsmotoren. Grossunternehmen eröffneten neue Technologien und trieben die wirtschaftliche Erschliessung der Welt voran. Jahrzehntelanger Traum jedes Managers: ein grosses Unternehmen zu führen und, dort angekommen, dieses Unternehmen weiter zu vergrössern. Einfluss, Status, Bezahlung des Managers – alles hängt stark von der Grösse des geführten Unternehmens ab. Grösse als Symbol für wirtschaftliche und technologische Leistungskraft.

In den fünfziger und sechziger Jahren wurden leistungsfähige Unternehmen durch ein rasches Marktwachstum in fast allen Bereichen grösser. In den siebziger Jahren verlangsamte sich das Wachstum, dadurch staute sich in vielen Unternehmen Liquidität an, die mangels guter Ideen im angestammten Geschäft für den Zukauf von neuen Aktivitäten eingesetzt wurden: Vorwärts- und Rückwärtsintegration, Diversifikation – der Trend zur Grösse hält bis heute an.

Auch von der Wirtschaftswissenschaft wurde der Trend zum Grossunternehmen bis vor ganz kurzem einstimmig gelobt: Von Joseph Schumpeter bis zu Paul Samuelson war man sich über die Vorteile des «Big Business» einig. Theorien über Economies of Scale und Learning Curves sprechen alle für Grösse als Wettbewerbsvorteil.

Neuere Fakten relativieren dies zumindest etwas. In den USA ist das branchengrösste Unternehmen nur in ganz wenigen Branchen auch das profitabelste. In über der Hälfte der Branchen erreichen die branchengrössten Unternehmen nicht einmal die durchschnittliche Ertragskraft der Branche.

Von den in den USA zwischen 1977 und 1987 neu entstandenen 20 Millionen Arbeitsplätzen wurde die grosse Mehrheit in kleineren und mittleren Unternehmen geschaffen. Und aus diesen Unternehmen kommt auch ein zunehmender Teil der Innovation. In der Computerindustrie zum Beispiel entstanden der Mikropozessor, der PC, der Mini, die grossen Supercomputer und fast alle der grösseren Softwareinnovationen nicht bei den Branchengrössten.

Der Kapitalmarkt sieht die Leistung des Grossunternehmens offenbar ähnlich. Ein Beispiel von vielen: Die Aktien von Time Inc., dem diversifizierten amerikanischen Medienkonzern, wurden im Herbst 1988 zu $ 95 gehandelt. Zur gleichen Zeit schätzten führende Analysten den Wert des in seine einzelnen Teile zerlegten Konzerns auf $ 200 pro Aktie. Dieselbe wirtschaftliche Substanz in der Form eines Grosskonzerns mit Konzernleitung, Konzernstäben und mannigfaltigen Synergiepotentialen ist demnach weniger als die Hälfte wert als in der Form einer Anzahl selbständiger, kleinerer und mittlerer Unternehmen. Die Differenz, der «Break-up Value» oder «Conglomerate Discount» – in diesem Beispiel Hunderte von Millionen Dollar – entspricht der negativen Wertschöpfung des grossen Konzerns.

Arbeitsteilung und Spezialisierung

Seit David Ricardo und Charles Fourier ist das Zerlegen und Standardisieren von Aufgaben und ihre Zuordnung an einzelne Mitarbeiter, die sich in der Erledigung dieser Aufgaben üben und spezialisieren, ein Hauptfaktor für systematischen Produktivitätsfortschritt. Wir haben das System bis heute immer weiter perfektioniert. Es gestattete, für einfache Aufgabenteile rasch auch weniger qualifizierte Mitarbeiter produktiv einzusetzen. Für anspruchsvollere Tätigkeiten entstand ein riesiger Bedarf an Spezialisten.

Auch hier hat seit einiger Zeit neues Denken eingesetzt. Eine starke Arbeitsteilung hat oft auch schwerwiegende Nachteile. Die Identifikation mit dem Endprodukt der Arbeit wird für den einzelnen Mitarbeiter schwierig, als «kleines Rädchen im Getriebe» sieht er kaum mehr den Beitrag zum Ganzen. Die Verantwortung für das Ganze liegt ja auch weit weg von ihm, zum Teil oft viele Hierarchiestufen weiter oben. Dies ist häufig eine wesentliche Ursache für Qualitätsprobleme. Das jahrelange Ausführen einer sehr engen Aufgabe ist zudem ein fast sicherer Weg zum Verlust von Flexibilität und Lernfähigkeit des Mitarbeiters oder des Spezialisten. Kommt dann plötzlich eine Veränderung, ist die Anpassungsfähigkeit oft ungenügend.

Ein weiterer Nachteil einer starken Arbeitsteilung ist der hohe Aufwand für Kommunikation und Koordination. Vielfach leidet darunter nicht nur die Effizienz, sondern auch der Service gegenüber dem Kunden: Symptom ist zum Beispiel die Unfähigkeit eines Unternehmens, ein Kundenanliegen rasch, kompetent und möglichst durch eine einzige Stelle zu behandeln.

Tiefe und ausgebaute hierarchische Strukturen

Sie sind eine zwangsläufige Konsequenz von zunehmender Unternehmensgrösse, starker Arbeitsteilung und dem Bestreben, Verantwortung stufengerecht zu delegieren. In fast allen Unternehmen wurden mit zunehmender Grösse zusätzliche hierarchische Ebenen eingebaut, meist mit tatkräftiger Unterstützung der betroffenen Führungskräfte, die hier durch neue Positionen zu Recht zusätzliche Aufstiegschancen witterten.

Weil alles grösser und unübersichtlicher wurde, wurden vor allem in den sechziger und siebziger Jahren zur Unterstützung der Unternehmensleitung zusätzlich grosse Stabsabteilungen (Planung, Kontrolle, Unternehmensentwicklung, Koordinationsstäbe für Technik, Marketing usw.) eingeführt.

Geographische Ausbreitung und Produktdiversifikation führten zu weiterer Komplexität: Wo mehrere Produkt-, funktionale und Stabsbereiche gleichzeitig und ohne klare Prioritätsordnungen über geographische Strukturen hinweg zu wirken versuchten, entstanden drei- und vierdimensionale Matrixorganisationen.

Schwerfällige Strukturen

Insgesamt führen die drei Maximen – Grösse, Arbeitsteilung und tiefe hierarchische Strukturen – zu Konzernen, in welchen die Geschäftsleitung oft ein Portfolio von sehr verschiedenen Geschäften führt, acht bis zwölf hierarchische Stufen entfernt von der Stelle, welche die Marktleistung erbringt. Sie wird unterstützt von grossen Stäben, die aufgrund ihrer Besetzung mit «guten Stabsleuten» oft noch weiter vom Geschäft entfernt sind, technokratisch argumentieren und im Zweifel Risiken scheuen. Entsprechend führen sie deshalb leicht ein für die Linie nicht sehr produktives Eigenleben. Weil die Stäbe häufig den besten Zugang zur Unternehmensleitung haben, besteht zudem die Gefahr von wenig pragmatischen und wenig unternehmerischen Entscheidungen.

Damit entsteht zwar einerseits eine vom Tagesgeschäft weitgehend losgelöste Führung, die Überblick und Zeit für strategische Fragestellungen hat. Andererseits besteht die Gefahr einer zu weiten Entfernung vom Kern der unternehmerischen Aktivität, die Gefahr eines mangelnden Realitätsbezuges und das Risiko politischer statt sachlicher Entscheide. Damit einher geht oft ein Verlust an Vertrauen in die Führungskräfte an der Front. Dies führt nicht nur zu langwierigen und demotivierenden Entscheidungsprozessen. Es verhindert auch häufig, dass die Intuition der markterfahrenen Kader voll zum Tragen kommt, da Stäbe alles rational und mit technokratischer Einstellung überprüfen und ihre Schlussfolgerungen zudem meist besser als die Linie verkaufen können.

Drei- und mehrdimensionale Matrixorganisationen komplizieren Entscheidungsprozesse noch zusätzlich. Ist nicht ganz klar geregelt, welcher der verschiedenen Dimensionen Priorität zukommt, entsteht ein endloses Abstimmen, jeder spricht mit jedem, am Schluss erfolgt eine Einigung auf dem kleinsten gemeinsamen Nenner.

Die tiefe hierarchische Gliederung verursacht lange und ineffiziente Kommunikations- und Entscheidungswege. Lebenswichtige Informationen, etwa von der Verkaufsfront zu den Stellen, die in Forschung und Entwicklung oder im Marketing für die Produktgestaltung verantwortlich sind, oder von der Verkaufsfront zu Logistik und Produktion, haben lange Wege: oft über mehrere Stufen vertikal nach oben, dann – da in diesen Strukturen kaum einer mehr allein entscheidet – in einer Koordinationssitzung seitlich und anschliessend wieder über mehrere Stufen nach unten, wenn der Dienstweg eingehalten werden soll.

Jede hierarchische Stufe ist dabei ein Zwischenfilter, der nicht nur Zeit braucht, sondern auch qualitativ beeinflusst, insbesondere bei ungünstigen Meldungen meist im Sinne einer Rechtfertigung oder Verharmlosung. Damit entsteht ein Verlust an meist wichtiger, direkter Information der Stellen, die entscheiden.

In einem Grossunternehmen, in dem sich die hier beschriebenen Phänomene kumulieren, geht natürlich sehr viel an unternehmerischer Beweglichkeit, Flexibilität, an spontanen kleinen Experimenten, die oft wesentliche Impulse verleihen können, verloren.

Wichtige Tätigkeiten wie die Interaktion mit dem Kunden, wo Veränderungen im Markt meistens am direktesten und raschesten sichtbar werden und wo aufgrund von eingehenden Untersuchungen die meisten Impulse für Innovationen entstehen, erfolgen weit weg von den Stellen, die den gesamtunternehmerischen Bezug haben und agieren könnten.

Probleme sind schwierig präzise zuzuordnen, fast immer kann der Schwarze Peter irgendeiner anderen Stelle zugeschoben werden. Dies öffnet Tür und Tor für unbefriedigende Qualität und schlechten Service: Niemand ist wirklich und vollständig verantwortlich.

Wegen der vielen Stellen, die bei irgendeinem Entscheid mitsprechen, fällt es schwer, individuelle Leistung zu messen. Dies führt zu nivellierten Salärsystemen, bei denen am Schluss Alter und Titel die wesentlichsten Parameter bei der Salärfindung werden, und zu Beförderungsentscheiden, bei denen organisatorisches Wohlverhalten – weil einfacher zu beurteilen – leicht wichtiger werden kann als Leistung.

Kurz: Es besteht die Gefahr der Erstarrung in der eigenen Grösse und Komplexität der arbeitsteiligen, hierarchisch feingestuften und vieldimensionalen Organisation.

Neue Anforderungen

Dies fällt nun in eine Zeit, in der es eine ganze Reihe von Entwicklungen gibt, die alle darauf hinauslaufen, dass die kommenden Jahre insgesamt ungleich wettbewerbsintensiver sein werden als alles, was wir bisher gesehen haben. Somit ergeben sich für viele Unternehmen wesentlich neue Anforderungen. Ich sehe drei wesentliche Gründe:

Erstens: Noch durch Gesetze oder privatwirtschaftliche Vereinbarungen regulierte Märkte oder Branchen werden dereguliert werden. Beispiele sind die amerikanischen Tatsachen und die deutlichen europäischen Zeichen an der Wand im Luftverkehr, im Banking, in der Versicherung, in der Telekommunikation, in der Touristik, in noch regulierten Bereichen der Konsumgüterindustrie usw.

Aus den USA wissen wir, dass der Deregulierungsprozess bis jetzt in jedem einzelnen Fall sehr schmerzhaft war. Aus gesamtwirtschaftlicher Sicht standen und stehen den längerfristigen positiven Auswirkungen erhebliche kurz- und mittelfristige Nachteile gegenüber: Im amerikanischen Flugverkehr etwa sinkende Produktqualität mit sehr unangenehmen Auswirkungen auf die Sicherheit, im amerikanischen Banking die Kosten von über 100 Milliarden Dollar für den Schutz von Gläubigern nicht mehr konkurrenzfähiger Banken, die letztlich der Steuerzahler tragen muss. Mikroökonomisch resultierte regelmässig ein mehrere Jahre währendes Blutbad mit hartem Preiskampf, erodierenden Margen und einem Shake-out aller nicht wirklich konkurrenzfähigen Marktteilnehmer.

Zweitens: Der Wettbewerb wird noch internationaler. In vielen Branchen globalisieren sich das Angebot auf der Suche nach Economies of Scale und die Nachfrage aufgrund der sich weltweit angleichenden Kundenbedürfnisse.

Parallel dazu verschwinden immer mehr staatliche und zwischenstaatliche Behinderungen für einen grenzüberschreitenden Wettbewerb. In Brüssel arbeitet ein guter Teil der 20 000 EG-Funktionäre mit geradezu erstaunlicher Energie daran, den heute in vielen Bereichen noch nationalen Wettbewerb auf ein europäisches Niveau zu bringen. Für uns und den Rest der Welt wird es schwierig und längerfristig vielleicht unmöglich sein, in bezug auf den Abbau von Wettbewerbsbeschränkungen nicht mitzuhalten.

Immer mehr Branchen werden so einem internationalen Wettbewerb ausgesetzt. Damit verschwinden Preisunterschiede zwischen Märkten, die heute noch oft die Basis gemütlicher Profit Pockets sind. Noch viel wichtiger: Massstab für Wettbewerbsfähigkeit werden die international besten Konkurrenten. Gleichzeitig bleibt die Anforderung nach starker lokaler Präsenz in Marketing und Distribution.

Drittens: Wettbewerbspositionen werden sich immer schneller verändern. Gründe dafür gibt es viele:

– Technologiefortschritte werden rascher, Produktlebenszyklen kürzer. Die ständige, effiziente und vor allem rasche Beherrschung der Schnittstelle Kundenbedürfnis/Technologie/Produktdesign wird zum kritischen Erfolgsfaktor. Unternehmen mit langen Produktentwicklungszeiten geraten unweigerlich in Schwierigkeiten, wie das Beispiel der Automobilindustrie zeigt, wo japanische Unternehmen ein neues Produkt zwei- bis dreimal schneller entwickeln können als ihre amerikanischen oder europäischen Konkurrenten.

– Viele Märkte werden immer fragmentierter, teilen sich in Segmente und Subsegmente auf und entziehen sich einer pauschalen Beschreibung und undifferenzierten Bearbeitung. Beispiele sind viele Bereiche der Konsumgüterindustrie. So hat sich etwa der Margarine- und Buttermarkt in den letzten Jahren in eine grosse Anzahl von sehr unterschiedlichen Teilmärkten aufgeteilt. Während man den Markt früher pauschal mit «reif und gesättigt» umschrieben hätte, sind die verschiedenen neuen Teilmärkte zum Teil rasant wachsend und sehr attraktiv, andere stagnieren, und wieder andere schrumpfen oder verschwinden. Ähnliche Situationen bestehen und entstehen in vielen anderen Märkten. Dies erfordert vom Unternehmen grosse Flexibilität und die Fähigkeit, Veränderungen im Markt rasch zu erkennen und zu nutzen.

– Herkömmliche Grenzen zwischen Branchen verwischen sich. Beispiele sind die Informatik, die Büroautomations- und Telekommunikationsindustrie, die in weiten Teilen zu einem neuen Markt verschmelzen, oder der Trend zur Allfinanz bei Banken und Versicherungen.

– Kunden werden professioneller, sind besser informiert und in der Tendenz weniger loyal. Beispiele sind die wachsende Preiselastizität bei vielen Finanzdienstleistungsprodukten oder die neue Generation harter Rechner in den Einkaufsabteilungen von immer mehr Unternehmen.

– Neue Gewichtsverteilungen in den Marktpotentialen sind absehbar. Beispiele sind Märkte wie Korea oder Taiwan, die gegen Ende der neunziger Jahre Potentiale wie heute Italien oder Holland aufweisen dürften.

All diese Entwicklungen stellen stark steigende Anforderungen an die unternehmerische Initiative, an die strategische Beweglichkeit und vor allem auch an die Fähigkeit, neue Strategien erfolgreich und zudem rasch umzusetzen. Dies erfordert Handlungsspielraum nahe am Markt, exzellente Kommunikation, kurze Wege und Entscheidungsprozesse sowie Bereitschaft und Mut zum überblickbaren unternehmerischen Risiko in Form von Versuchen oder Experimenten.

Dabei stehen in vielen grossen Unternehmen die heutigen Strukturen im Weg – ihre Grösse, Diversifikation und Komplexität, ihre weitgetriebene Arbeitsteilung und Spezialisierung, ihre feinstufigen, tiefen und ausgebauten hierarchischen Organisationen.

Strukturen für Unternehmer

Hier sind neue Strukturen erforderlich – Strukturen, die dem neuen Wettbewerbsklima gewachsen sind, die unternehmerische Initiative ermöglichen und fördern:

Dabei ist zunächst die Grösse der Struktur – eine der Hauptursachen der beschriebenen Probleme – genau anzusehen. Grösser ist offensichtlich nicht deckungsgleich mit stärker und besser. Economies of Scale stehen in der Praxis mindestens ab einer gewissen Grösse fast immer auch handfeste Diseconomies of Scale gegenüber, Synergien auf dem Papier stehen messbare Komplexitätskosten gegenüber: Sie sind Folgen der Unübersichtlichkeit, des höheren Koordinations- und Kontrollbedarfes und nicht zuletzt auch der schlechteren Identifikation des einzelnen Mitarbeiters mit dem Ganzen.

Auf der anderen Seite ist Grösse für viele unternehmerische Aufgaben eine unabdingbare Voraussetzung oder doch zumindest ein wichtiges Plus. Der Wettbewerb in globalen Märkten, die Realisierung von neuen Produkten wie Pharmazeutika, Autos oder Telefonzentralen mit sehr hohen Investitionen in Forschung und Entwicklung, die eine Abdeckung des gesamten Weltmarktes bedingen, um rentabel zu sein, das Tragen von sehr grossen unternehmerischen und finanziellen Risiken – bei all dem ist Grösse von Vorteil.

Wo Grösse erforderlich ist, muss es entsprechend darum gehen, die Ressourcen und Möglichkeiten des grossen Unternehmens mit der Beweglichkeit und Übersichtlichkeit des Kleinunternehmens zu verbinden. Die Konsequenz für die Gestaltung der Unternehmensstruktur grosser und mittlerer Unternehmen: So grosse Einheiten wie nötig, so kleine wie möglich.

In vielen mittleren und grossen Unternehmen bedingt dies ein Aufbrechen der bestehenden Strukturen. Welches ist die kleinstmögliche Einheit, in der eine abgrenzbare Marktleistung erbracht wird, welche Ressourcen und Kompetenzen müssen ihr zugeordnet werden, damit sie diese Marktleistung möglichst gut, aber auch möglichst selbständig erbringen kann? Diese Einheit ist der «Baustein» der neuen Struktur.

Die Bausteine sind marktorientierte, überblickbare Einheiten mit klarem unternehmerischem Auftrag und entsprechendem Handlungsspielraum. Weil der Baustein nicht zu gross ist, ist seine eigene Struktur einfach, und übertriebene Arbeitsteilung wird unmöglich. Der Chef weiss, was seine Mitarbeiter tun, umgekehrt kennen diese die Zielsetzungen des Chefs. Alle haben möglichst ganzheitliche Aufgaben, die sie mühelos mit der unternehmerischen Zielsetzung in Bezug bringen können.

Jede die Selbständigkeit des Bausteines beeinträchtigende Schnittstelle zum Gesamtunternehmen ist kritisch daraufhin zu prüfen, ob sie wirklich Nutzen stiftet. Dabei sind Economies of Scale und möglichen Synergien konsequent die messbaren und nicht messbaren Kosten erhöhter Komplexität, vermehrter Koordination und der zunehmenden Schwerfälligkeit des grösseren Verbundes gegenüberzustellen. Im Zweifel müsste der Entscheid zugunsten von mehr Autonomie und Dezentralisation gehen.

Wenn dies so gehandhabt wird, bleiben nur noch sehr wenige Schnittstellen: In der Regel Treasury und Controlling, einzelne Personalfunktionen wie Management Development oder Führungsausbildung, je nach Tätigkeit einzelne weitere Kontrollfunktionen. Alle weiteren Schnittstellen wären Ausnahmen.

Die Gliederung in möglichst selbständige Einheiten ermöglicht flache Strukturen. Eine Hierarchie ist nichts anderes als ein Gebilde, das Informationen verarbeitet und zusammenfasst, so dass auf irgendeiner Stufe die notwendige Synthese und Übersicht entsteht, um Entscheide zu treffen. Grösse und weit getriebene Arbeitsteilung führen zwangsläufig zu vielstufigen Hierarchien.

Weil die Bausteine ihre unternehmerische Aufgabe weitestgehend selbständig und mit einem Minimum an Schnittstellen erfüllen, können operative Entscheide weitestgehend an sie delegiert werden. Die Führung der einzelnen Bausteine erfolgt vor allem über Zielsetzungen in Form von Plänen und Budgets sowie über die Kontrolle der Zielerreichung. Dies erlaubt grosse Kontrollspannen – in vielen Unternehmen praktisch eine Verdoppelung oder Verdreifachung.

Damit werden ganze Hierarchiestufen unnötig, es entstehen flache, transparente Strukturen. *Die Vorteile sind erheblich.*

– Es entstehen kurze, direkte Wege vom Markt zu den Stellen, die für das Produkt verantwortlich sind. Selbst in grossen Unternehmen bleibt mit flachen Strukturen auch die oberste Unternehmensleitung marktnah.

– Entscheidungswege sind einfach. Vieles kann im Baustein selbst entschieden werden. Aufwendiges Abstimmen und Koordinieren reduziert sich auf wirklich Wesentliches. Flexibilität und Schlagkraft nehmen zu.

– Weil wenig Schnittstellen bestehen, ist die Leistung transparent und qualitativ und quantitativ einfacher messbar. Dies erleichtert die Führung und erlaubt Salärsysteme mit einer substantiellen und fairen Leistungskomponente.

– Praktisch alle Stellen des Unternehmens sind hautnah in einem überblickbaren Profit Center eingebunden. Damit entsteht ein direkter unternehmerischer Bezug des Mitarbeiters zur Unternehmensleistung, er fühlt sich verantwortlich. Dies wirkt sich natürlich günstig auf Motivation, Zusammenarbeit und Qualität aus.

– Wenn das Baustein-Prinzip im Grossunternehmen konsequent angewendet wird, vereinfachen sich alle übrigen Strukturen. Die Matrix beschränkt sich auf diejenigen Bereiche, wo sich Schnittstellen wirklich lohnen. Die klare Ergebnisverantwortung unterbindet endlose Diskussionen und stellt sicher, dass entschieden wird. Mit Sicherheit verschwinden die dritte und vierte Matrixdimension.

– Organisatorische Anpassungen, die in Zukunft aufgrund der immer rascheren Veränderungen in Technologie und Markt häufiger notwendig sein werden, sind leichter durchführbar, da weniger Verflechtungen bestehen.

– Aus strategischer Sicht ermöglicht die Gliederung in möglichst unabhängige Bausteine ein Maximum an Flexibilität: Bausteine können einfacher mit sinnvollen Akquisitionen kombiniert werden, sie können aber auch – wenn ein anderer Eigentümer mehr echte Synergien bietet – einfacher verkauft werden.

Insgesamt resultieren also beträchtliche Vorteile. *Welches sind die Nachteile?*

Flache Strukturen delegieren und dezentralisieren naturgemäss erheblich mehr Verantwortung als tiefe hierarchische Strukturen. Dies kann im Extremfall zu einem gewissen Chaos führen, das, wie einige Beispiele aus Skandinavien, Italien oder den USA zeigen, zwar überaus produktiv sein kann, mit dem wir Mitteleuropäer aber meistens Mühe haben. Soll dies vermieden werden, brauchen wir neue Mechanismen zur Koordination, welche die vielen bisherigen hierarchischen Zwischenstufen, kleineren Kontrollspannen und Abstimmungen in der Matrix ersetzen.

Möglich machen dies die heutigen Informationssysteme. Sie können zunehmend die für einen Entscheid notwendige Information rasch und in aussagekräftiger Form an eine beliebige Stelle in der Organisation bringen, so dass diese Stelle entscheiden kann. Ein banales Beispiel: Früher mussten in einem Textilunternehmen Kundenwünsche betreffend Liefertermin oder Abweichungen von der Kollektion an einer gemeinsamen Sitzung zwischen Verkauf, Produktion und Einkauf diskutiert und im Konfliktfall durch den Chef der drei funktionalen Verantwortlichen entschieden werden. Heute verfügt der einzelne Verkäufer durch ein entsprechendes Informationssystem über alle relevanten Informationen und kann sofort selbst entscheiden. Das Zusammentragen der verschiedenen Kundenwünsche bei den einzelnen Verkäufern durch den Verkaufschef, die wöchentliche Sitzung, der Entscheid durch den übergeordneten Chef entfallen ohne Verlust bei der Qualität der Entscheidungen, aber mit einem erheblichen Gewinn an Tempo gegenüber dem Kunden und an Kompetenz und Motivation beim Verkäufer.

Solche Beispiele gibt es auf allen Führungsebenen und in allen Unternehmensbereichen. Was beim Sachbearbeiter geschah, der bereits vor vielen Jahren vom Computer immer mehr von reiner Routine befreit wurde, geschieht nun auch beim Manager. Auch er wird durch entsprechende Systeme von vielen Routineaufgaben entlastet. Dies ermöglicht weitergehende Delegation und grosse Kontrollspannen ohne wirklichen Verlust, meistens sogar mit einem Gewinn an Transparenz, Koordination und Kontrolle. Dabei wird allerdings der Aufgabenmix des Managers anspruchsvoller.

Die neuen Strukturen stellen ohnehin beträchtliche personelle Anforderungen: Statt mittlerem und oberem Kader werden Unternehmer gebraucht, die bereit sind, echte Verantwortung zu tragen, mit unternehmerischen Risiken zu leben, sich unmittelbar am Erfolg messen zu lassen und auf den Komfort einer grossen komplizierten Struktur, in der alles von Stäben im Detail analysiert und mit allen abgestimmt wurde, bevor auch nur an einen Entscheid gedacht wird, zu verzichten. Strukturen für Unternehmer brauchen zwangsläufig mehr Unternehmer, und Unternehmer sind heute schon Mangelware.

Dies in einer Zeit, wo Nachwuchs aufgrund rein demographischer Entwicklungen äusserst knapp wird, wo ökonomisch motivierte Leistung in einem komfortablen elterlichen Umfeld und einem sehr weitgehenden Sozialnetz an Bedeutung weiter verlieren wird und wo sich die Wertmassstäbe tendenziell auf ein immer breiteres und diversifizierteres Spektrum von Anliegen ausdehnen.

Hier wird es auf Dauer nicht genügen, Motivation, Flexibilität, Mobilität, unternehmerisches Profil, Teamfähigkeit, Lernfähigkeit bis ins hohe Alter und Sprachkenntnisse zu postulieren, sondern wir müssen uns wirklich etwas einfallen lassen, um diese Qualitäten heranzubilden.

Ideen dazu gibt es. Zum Beispiel in Form eines «Training on the job», im Tragen unternehmerischer Verantwortung. Flache, dezentrale Strukturen bieten hier viele Möglichkeiten. Einige Unternehmen haben sogar ganz bewusst «Spielplätze» in ihren Strukturen eingerichtet, indem Aufgabenbereiche gebildet wurden, bei denen unternehmerische Verantwortung bei begrenztem Risiko getragen werden muss.

Andere Ansatzpunkte sind zum Beispiel systematische Job-Rotation zur periodischen Sicherstellung neuer Herausforderungen, zur Förderung des Generalistentums und Schulung der Lernfähigkeit sowie zur Vermeidung von Kalkablagerungen. Oder Regeln für die Maximalverweildauer in Stabspositionen, so dass der Blick für die Realität des Tagesgeschäfts nie abhanden kommt.

Dann aber auch der vermehrte Einsatz von temporären Teamstrukturen oder die selbstverständliche Erwartung an Nachwuchsleute, Auslanderfahrung zu gewinnen. Dabei müsste in vielen Unternehmen noch etwas mehr darüber nachgedacht werden, wie Auslandaufenthalte oder, was in Zukunft wohl noch wesentlich häufiger gefragt sein wird, eine Serie von Auslandaufenthalten für den Mitarbeiter und seine Familie attraktiver gemacht werden können.

Insgesamt muss man wahrscheinlich davon ausgehen, dass der Personal- und insbesondere der Kadermarkt in Zukunft genauso anspruchsvoll oder sogar noch anspruchsvoller werden wird als der Markt für Produkte und Dienstleistungen. Auch hier wird man zukünftig ohne kreative Strategien und ein hervorragendes Marketing kaum auskommen.

Dass in Zukunft noch wesentlich mehr unternehmerische Initiative und Beweglichkeit gefordert wird, ist klar absehbar. Flache, dezentrale Strukturen mit grossem unternehmerischem Spielraum für abgrenzbare Aufgaben, mit ausgebauten Informationssystemen, die entscheidungsrelevante Informationen möglichst nahe an die Front bringen und so dezentrale Entscheide ohne wesentlichen Verlust an Koordination ermöglichen, mit einer Vielzahl von möglichst selbständigen kleinen und mittleren Unternehmern und mit Mitarbeitern, welche die Wichtigkeit ihrer Aufgabe für den unternehmerischen Erfolg mühelos überblicken können, sind in vielen Unternehmen ein Schritt in die richtige Richtung.

Roland Rasi

Wunschliste 2000

Unternehmenskultur

Ich wünsche mir

Unternehmen, in denen sich die Verantwortlichen als Kulturschaffende fühlen und benehmen

Unternehmen, in denen nicht Workaholics und Streber Karriere machen, sondern Menschen mit der besten Allgemeinbildung

Unternehmen, in denen Karrieremachen in erster Linie heisst: Persönlichkeitsentwicklung und nicht ausschliesslich: hierarchischer Aufstieg

Unternehmen, in denen es nicht nur zum guten Ton gehört, sondern selbstverständlich ist, dass nebst Fachdiskussionen auch Auseinandersetzungen über Literatur, Malerei, Bildhauerei, Film, Theater, Musik usw. stattfinden. Auch während der Arbeitszeit

Unternehmen, in denen sich alle wohlfühlen, weil sie sie selbst sein können

Unternehmen, in denen man spürt, dass menschliche Stärken gefördert und menschliche Schwächen nicht bestraft werden

Unternehmen, in denen man schwach sein darf, ohne unterzugehen

Unternehmen, in denen Angst kein Tabu und Angst-Haben gestattet ist

Unternehmen, in denen Umgang mit Angst zum Anforderungs- und Fähigkeitsprofil des Managements gehört

Unternehmen, in denen gelacht *und* geweint wird: von allen

Unternehmen, in denen man auf allen Stufen «spinnen» darf

Unternehmen, in denen Hierarchie ab- und nicht aufgebaut wird

Unternehmen, in denen nicht die Titelhierarchie, sondern die menschliche Leistungshierarchie das Sagen hat

Unternehmen, in denen Sitzungen als Begegnung von Menschen gefeiert und nicht als Abhaken von Traktanden abgehalten werden

Unternehmen, in denen das *Visionen*- und *Illusionen*-Haben nicht belächelt, sondern ernst genommen wird

Führung

Ich wünsche mir

eine Frau als Chef
einen Mann als Chef } ein Vorbild als Chef

Chefs, für die Menschen-Führen keine Ergänzung zum Papier- und Maschine-Bearbeiten ist, sondern umgekehrt

Chefs, die sich bei der Wahl zwischen einer Problemlösung mit dem Computer oder dem Menschen immer für den Menschen entscheiden

Chefs, die nicht nur wissen, wie eine Maschine, sondern auch, wie der Mensch funktioniert

Chefs, die immer Zeit haben für ihre Mitarbeiterinnen und Mitarbeiter

Chefs, die jedes Mitarbeitergespräch dazu ausnützen, sich selbst zu qualifizieren und qualifizieren zu lassen

Chefs, die sichtbar, hörbar und vor allem emotional spürbar führen

Chefs, deren herausragende Fähigkeit Einfühlungsvermögen ist

Chefs, die selbst konfliktfähig sind und ihre Mitarbeiterinnen und Mitarbeiter zur Konfliktfähigkeit erziehen

Chefs, die bei der Führung vor allem die rechte Gehirnhälfte einsetzen

Unternehmen, in denen Technokraten mit einer überentwickelten linken Gehirnhälfte ausschliesslich in Einzelbüros arbeiten und nie für Menschen verantwortlich sind

Chefs, deren individuelle Kritikfähigkeit besser ausgebildet ist als ihre Kritikwilligkeit

Chefs, die nicht nur wissen, wie man «Bescheidenheit» schreibt, sondern auch, wie man sie lebt

Chefs, die vor allem dann führen, wenn Menschen Gutes leisten, und nicht nur, wenn sie Fehler machen

Unternehmen, in denen Fehlermanagement kein Sanktionssystem, sondern eine vertrauensbildende Massnahme ist

Unternehmen, in denen klar ist, dass mit aufsteigendem hierarchischem Rang das Fehlermachen nicht abnimmt und das Lernen aus Fehlern nicht aufhört

Unternehmen, in denen klar ist, dass Mitarbeiter die Firma verlassen, weil sie schlecht geführt sind, und nicht, weil sie bei der Konkurrenz mehr Geld erhalten

Unternehmen, in denen «Ausrufen» als normale Reaktion auf Frustration geschätzt wird – und nicht «Loyalität» oder «Kündigung»

Unternehmen, in denen der Ausdruck «Problem» verpönt und durch «Herausforderung» oder «Chance» ersetzt ist

Unternehmen, in denen Problem-Löser das Sagen haben und nicht diejenigen, die ausser Bedenken nichts zur Problembewältigung beitragen

Unternehmen, in denen die Chefs keine Rolle spielen müssen, um Karriere zu machen

Unternehmen, in denen das sogenannte mittlere Management mehr leitet als leidet!

Unternehmen, in denen eine erstklassige Führungskultur gelebt und nicht Führerkult gepflegt wird

Unternehmer statt Bürochefs – Vordenker statt Vorarbeiter – Landschaftsarchitekten statt Schrebergärtner – Macher statt Machthaber

Aus- und Weiterbildung

Ich wünsche mir

Unternehmen, in denen Lernen und Lehren als vollwertige Arbeit gilt und entsprechend honoriert wird

Unternehmen, in denen Aus- und Weiterbildung als Investition gilt

Unternehmen, die wissen, dass die Lernfähigkeit des Menschen nie aufhört

Unternehmen, die wissen, dass nur der Mensch, nie aber die Maschine lernen kann

Unternehmen, die mittels Aus- und Weiterbildung nicht in erster Linie Fachidioten züchten, sondern ganzheitlich denkende und handelnde Menschen fördern

Chefs, für welche die Aus- und Weiterbildung ihrer Mitarbeiterinnen und Mitarbeiter die schönste Führungsaufgabe darstellt und die sich persönlich und aktiv dafür engagieren

Unternehmen, in denen diejenigen Chefs am schnellsten Karriere machen, die am meisten zur Aus- und Weiterbildung ihrer Mitarbeiterinnen und Mitarbeiter beitragen; sei es durch Lehrer-Sein, sei es durch bereitwilliges Freistellen der besten Mitarbeiter für die Lehrtätigkeit

Unternehmen, die auch in der Ausbildung «tapfer sind gegen die Technik» und «tapfer für den Menschen»

Unternehmen, die sich zu einem elitären Ausbildungssystem bekennen: Die Besten erhalten die beste Ausbildung

dass wir wieder lernen, ebensogut mit Menschen zu kommunizieren, wie wir gelernt haben, Maschinen zu bedienen

Arbeit

Ich wünsche mir

Unternehmen, die wissen, dass Arbeit alleine nicht glücklich macht

dass Arbeiten nie gesundheits- und persönlichkeitsschädigend ist

dass Arbeit immer persönlichkeitsfördernd ist

dass die Arbeitsinhalte immer ganzheitlich sind

dass die Maschine dem Menschen das «Arbeiten» abnimmt, damit dieser seine Zeit zum Denken und zum Kommunizieren brauchen kann

Chefs, die ihre Arbeitszeit nicht als Beschränkung, sondern als Ressource betrachten

Chefs, die sicherstellen, dass Ferien und Freizeit in vollem Umfang und ohne schlechtes Gewissen bezogen werden

Chefs, die ihren Mitarbeiterinnen und Mitarbeitern nur das Was und nicht das Wie der Arbeit vorgeben

Unternehmen, in denen alle Mitarbeiterinnen und Mitarbeiter ihre Arbeit mitgestalten und ihre Arbeitsinhalte möglichst frei und ihren Bedürfnissen und Fähigkeiten angepasst wählen können

Unternehmen, in denen die Arbeitsinhalte permanent hinterfragt werden und die Organisationsstrukturen ebenso permanent den Arbeitsinhalten folgen und nicht umgekehrt

Unternehmen, in denen Teamarbeit und Teamprodukte gefördert und honoriert werden

Unternehmen, in denen Mbo «Management by objectives» und nicht «Management by orders» bedeutet

Unternehmen, in denen sich jeder Mitarbeiter jeder Stufe persönliche Ziele im Fach- und im Verhaltensbereich selber setzt

Unternehmen, die wissen, dass heute die Fragestellung «sowohl – als auch» und nicht mehr «entweder – oder» lautet

Frau und Mann

Ich wünsche mir

ein Vorbild als Chef, egal ob Frau oder Mann

Vorbilder als Kollegen, egal ob Frau oder Mann

Vorbilder als Mitarbeiter, egal ob Frau oder Mann

Unternehmen, die ideale Voraussetzungen schaffen, dass Frauen, die arbeiten müssen oder wollen, dies auch menschenwürdig tun können

Unternehmen, die um die geschlechtsspezifischen Unterschiede wissen und sich gerade deshalb zum Grundsatz der «Gleichwertigkeit» von Frau und Mann bekennen

Unternehmen, in denen Frauen nicht Männer sein müssen, um erfolgreich zu sein

Unternehmen, welche die Familienkarriere der Frauen als integrierenden Bestandteil einer Berufskarriere anerkennen

Unternehmen, die anerkennen, dass das Erziehen von Kindern durch Frauen ebenso wertvoll ist wie das Ausbilden von Soldaten durch Männer

Unternehmen, in denen Männer, die sich für Frauen einsetzen, nicht belächelt werden

dass wir bald keine Frauen- oder Männerförderungsprogramme mehr brauchen, sondern Menschenförderungsprogramme

Ethik/Werte

Ich wünsche mir

Unternehmen, bei denen das Geldverdienen immer auch der langfristigen Erhaltung der Welt als menschenwürdigem Lebensraum dient – selbst wenn dadurch kurzfristig kein oder weniger Gewinn erzielt wird

Unternehmen, in denen nachstehende Werte der Massstab für erfolgreiches Management sind:

Gerechtigkeit
Güte
Treue
Barmherzigkeit
Tapferkeit
Furcht
Bescheidenheit

Unternehmen, in denen nach diesen Werten aus- und weitergebildet wird:
Freiheit
Friede
Gesundheit
Solidarität
Liebe
Wahrheit
Ehre
Wissen

Unternehmen, in denen Werte nicht als quantifizierbare Ziele, sondern als «Ideen vom Guten», als «Bestimmungsgründe des Handelns» gelten

Unternehmen, in denen nicht «ritualisierte Heuchelei» gespielt, sondern Kommunikation in Wahrheit und Ehrlichkeit gelebt wird

Unternehmen, in denen das Einstehen für und das Bekennen zu persönlichen, individuellen ethischen Werten gefördert und belohnt wird

Unternehmen, in denen die Individualität der Mitarbeiterinnen und Mitarbeiter mehr wert ist als alles andere, vor allem mehr wert als falsch verstandene Anpassungsfähigkeit und Loyalität

Wolfgang Schürer

Führung und Glaubwürdigkeit – ein Junktim

Notwendigkeit der Führung

Viele aktuelle Probleme in Politik, Wirtschaft, Armee und anderen gesellschaftlichen Bereichen sind nicht zuletzt Folge mangelhafter Führung. Die Zahl der Persönlichkeiten, die Ziele vorgeben, Lösungswege aufzeigen und so andere zu Kreativität und Leistung motivieren können, ist kleiner geworden. Zugleich werden die Anforderungen an kompetente Führung immer grösser und umfassender. In den komplexen Industriegesellschaften sollte Führung einerseits Innovation ermöglichen und andererseits die Ängste der Menschen abbauen helfen, welche die enormen technologischen, kulturellen und sozialen Umbrüche wecken. Moderne Grosstechnologien, weltweite Verflechtungen und Abhängigkeiten, die der einzelne nicht mehr durchschauen kann, verunsichern ihn. Die geradezu atemberaubende Geschwindigkeit des Wandels erschwert Gewöhnungsprozesse, die für die geistige Bewältigung und Verarbeitung neuer Entwicklungen und damit für die Vertrauensbildung unerlässlich sind. Ein Gefühl der Hilflosigkeit und der Resignation beschleicht viele. Um so wichtiger ist es, dass eine überzeugende Führung die verlorengegangene Orientierung zurückbringt und hilft, die auftretenden Akzeptanzprobleme zu bewältigen. Diese Aufgabe ist um so schwieriger, als wir es mit einem umfassenden Wandel zu tun haben, der sowohl die äusseren Bedingungen als auch gleichzeitig die Werte erfasst. Dieser Wandel kann nur bewältigt werden, wenn die Ziele Gegenstand eines gesellschaftlichen Konsenses sind.

Es wäre indessen ein grosses Missverständnis, diesen objektiven Bedarf an Führung mit der subjektiven Bereitschaft des einzelnen und der Gesellschaft zu verwechseln, sich «gängeln» zu lassen. Führung ist stets auch Freiheitsbegrenzung – wenn sie von den Bürgern als Fremdbestimmung empfunden wird, wird sie abgelehnt. Führung wird – anders gesagt – nur akzeptiert, wenn sie die Zielvorstellung einsichtig machen kann. Es ist fast ein Paradoxon: Noch nie fühlte sich der einzelne unabhängiger als heute, und doch bedurfte es noch nie so sehr der Führung. Die Legitimation der Führung durch charakterliche und fachliche Kompetenz, und damit ihre Glaubwürdigkeit, werden zum entscheidenden Massstab.

Führungspotential – ein knappes Gut

Wir müssen konstatieren, dass vitale Ressourcen, die zur Zukunftssicherung am dringendsten gebraucht werden, besonders knapp sind: Weltweit fast unbegrenzt verfügbar sind Arbeitskräfte ohne hohe berufliche Qualifikation, um einiges knapper sind schon Sachkapital sowie Risiko(finanz)kapital. Ausgesprochener Mangel herrscht an qualifizierten Fachkräften. Führungspotential als Verbindung von fachlicher Qualifikation, Erfahrung, Kreativität und Intuition sowie einer guten Portion an nicht erlernbarem Talent und Begabung zählt zu den allerknappsten Gütern.

Der Zuwachs der knappen Ressource «Führungspotential» wird durch die gesellschaftlichen und politischen Rahmenbedingungen kurzsichtig eher behindert als gefördert. In den westlichen Demokratien, die zunehmend egalitäre Prinzipien verfolgen und praktizieren, wird sogar – trotz des häufig geäusserten Wunsches nach mehr Führung – einer tatsächlich praktizierten Führung oft erheblicher Widerstand entgegengesetzt. Noch schwerer wiegt, dass schon die Entfaltung von Führungspotential nicht selten im Keime erstickt wird. Eine simplifizierende, formalistische Gleichheitsideologie lässt nicht zu, Starke und Schwache, Fleissige und Faule zu unterscheiden. Alle sollen zunehmend über einen Kamm geschoren werden, was im Ergebnis nicht nur zur Diffamierung, sondern auch zur Ausbeutung und – öfter noch – zur Demotivierung des Besseren und Tüchtigeren führt. Es gilt daran zu erinnern, dass entsprechend dem Gebot von Gerechtigkeit und Billigkeit zwar Gleiches gleich zu behandeln ist, aber auch Ungleiches ungleich. Keine Gesellschaft kann es sich ungestraft leisten, im Namen falsch verstandener Demokratisierung Führung unmöglich zu machen. Deshalb ist es von so grosser Tragweite, dass die Verbindung von Demokratie und Führungsqualität gelingt.

Die Verbindung der Begriffe Demokratie und Führung mag auf den ersten Blick widersprüchlich erscheinen. So gelten Demokratie und Markt gemeinhin als «eigengelenkt» und insofern nicht als führungsbedürftig. Der Begriff der Führung wird nämlich im allgemeinen Sprachgebrauch eher mit autoritären, zentralgelenkten Ordnungen verbunden. Führung in der Demokratie meint nicht die Rückkehr zu überholten, weil autoritären und damit in unserer Zeit weitgehend wirkungslosen Schemata von Befehl und Gehorsam. Eine freiheitliche Ordnung verlangt vielmehr die permanente inhaltliche Auseinandersetzung und Konsensfindung über bestimmte Grundwerte und Ziele. Um diesen Konsensus zu erzielen – und das heisst, ihn immer wieder neu zu schaffen – bedarf die Demokratie der Führung. Die so definierte Auffassung von Führung ist unvereinbar mit dem zum ideologischen Schlagwort gewordenen Begriff der «Demokratisierung», die sich oft in einer Einigung auf den kleinsten gemeinsamen Nenner erschöpft. Damit werden wirkliche Problemlösungen erschwert, wenn nicht in bestimmten Fällen verhindert. Konsens über Ziele, Mittel und Wege zu erlangen, ist also die Hauptaufgabe demokratischer Führung.

Konsensbildung ist aufwendig. Sie verlangt eine schlüssige, sachlich begründete Argumentation und kostet Zeit. Die Erhaltung der freiheitlichen Ordnung hat jedoch ihren Preis. Konsensbildung ist ebenso wichtig wie die Realisierung der ihr folgenden Massnahmen. Ist die Durchführung nicht von einem breit abgestützten inhaltlichen Konsens getragen, so haben auch die Massnahmen in aller Regel wenig Aussicht auf dauerhaften Erfolg.

Der Prozess der Konsensbildung darf indessen nicht im formalistischen Sinn verstanden werden, wonach es Entscheide möglichst allen, sicher aber einer möglichst grossen Mehrheit recht machen sollen. Mehrheitliche Entscheidungsfindung ohne Konsens über die Inhalte ist immer dem Risiko der blossen Besitzstandwahrung ausgesetzt, die innovativer, zukunftsorientierter Führung entgegensteht. Ein so praktizierter Macht- und Interessenausgleich führt nicht nur zum Stillstand und damit letztlich zum Rückschritt, sondern kann auch – trotz scheinbaren Konsenses – Probleme gleichsam unter der Oberfläche weiterbestehen lassen, die dann früher oder später zu Konflikten führen. Konsens muss umfassende Lösungsansätze zum Ziel haben und darf sich nicht im kleinsten gemeinsamen Nenner erschöpfen.

Akzeptieren von Verantwortung

Eine solche Beschränkung auf den kleinsten gemeinsamen Nenner kann auf Dauer nur vermieden werden, wenn akzeptiert wird, dass Freiheit ohne Verantwortung nicht denkbar ist; beide sind sozusagen die zwei Seiten ein und derselben Münze. Freiheit ohne Verantwortung führt nur allzu leicht zum Missbrauch. Und wie der weitblickende Berner Nationalökonom Hugo Sieber immer wieder gewarnt hat, wird die freiheitliche Wirtschafts- und Gesellschaftsordnung nicht so sehr durch ihre erklärten Gegner gefährdet, sondern vielmehr durch diejenigen ihrer Anhänger, die sich wie in einem Selbstbedienungsladen benehmen und sich an der Kasse vorbeimogeln wollen.

Die Verwässerung der Verantwortung durch «Demokratisierung» – also die gezielte Trennung von Kompetenz und Verantwortung – verunmöglicht Führung, die dem Wandel gerecht werden kann. Sie trägt im Gegenteil dazu bei, entschiedenes Handeln zu verhindern, und begünstigt die Flucht aus der Verantwortung. Wenn heute von vielen – und mit guten Gründen – «mehr individuelle Freiheit und weniger Staat» gefordert wird, dann setzt dies umgekehrt voraus, ein höheres Mass an Eigenverantwortung zu praktizieren, was wiederum ein hohes Mass an Übereinstimmung zwischen deklariertem Ziel und praktischem Handeln erfordert. Das Plädoyer für «weniger Staat» darf nicht missverstanden werden als ein Plädoyer für weniger Verantwortung und Bürgersinn. Das Milizsystem als Ganzes ist gelebter Bürgersinn für die res publica. «Weniger Staat» muss vielmehr die Eindämmung der wuchernden Bürokratien im Visier haben.

Freiheit soll dem einzelnen ermöglichen, Veränderungen mitzugestalten und so innovative Kräfte zu mobilisieren. Was in einer freiheitlichen Gesellschaftsordnung für jeden einzelnen gilt, gilt für Führungskräfte ganz besonders. Es muss als Verpflichtung aufgefasst und als Teil ihrer Verantwortung gelebt werden. Dies bedingt, dass Führungskräfte ihr Handeln an allgemeingültigen Grundsätzen orientieren, und setzt gleichzeitig Freiheit voraus, denn ein freies Gewissen kann sich nicht entfalten, wenn der Handlungs- und Entscheidungsspielraum von Ge- und Verboten eingeschnürt wird. Der Anspruch auf Freiheit und das Privileg der Freiheit verpflichten zum Masshalten bei der Durchsetzung partikulärer oder individueller Interessen und zum Engagement für das Ganze. Sittliches Verhalten kann in einer freiheitlichen Ordnung von der Verantwortung nicht getrennt werden.

Umweltschutz als ein Beispiel

Vertreter der Wirtschaft beklagen – sicher nicht ohne eine gewisse Berechtigung – eine vor allem in den westeuropäischen Industriestaaten zu beobachtende Tendenz, unternehmerische Freiräume durch immer mehr staatliche Ge- und Verbote, Auflagen und bürokratische Reglementierungen vielfältiger Art zu beschränken. Das ist sicher eine bedenkliche Entwicklung, die gerade die Umweltschutzdebatte prägt. Man muss sich jedoch auch fragen, ob die Wirtschaft nicht zu lange gezögert hat, Kompetenz und Eigenverantwortlichkeit – gerade in diesem Bereich – entschlossen und wirksam wahrzunehmen – freiwillig und auf eigene Initiative hin. Exponenten der Privatwirtschaft haben diesen Beitrag nicht in genügendem Masse geleistet, wenn man zum Beispiel bedenkt, dass die Thesen des Club of Rome schon vor siebzehn Jahren auf Grenzen des Wachstums hinwiesen. Es ist indessen immer einfach, aufgrund des heutigen Wissensstandes Unterlassungen der Vergangenheit festzustellen. Stossender als bisherige Versäumnisse ist, dass es auch heute, Ende der achtziger Jahre, noch so schwerzufallen scheint, zum Beispiel weltweit Massnahmen zum Schutz der Ozonschicht durch die Verminderung des Gebrauchs von FCKW-Stoffen in die Wege zu leiten.

Ungeachtet der Tragweite der Probleme und des Ernstes der Lage ist indessen zu fragen, ob in gewissen Ländern nicht eine gesellschaftspolitische Tendenz überhandnimmt, die vernünftige Proportionen vermissen lässt. Absolutheitsansprüche wie Nullrisiko-Postulate ignorieren das Ausmass der Umweltschäden in Osteuropa und lassen die drängenden Probleme der südlichen Hemisphäre insofern ausser acht, als Maximalforderungen das Handeln mehr bestimmen denn Optimierungsbemühungen. Ob Umweltschutzanliegen mit Imperativen auf Dauer am besten gedient wird, muss bezweifelt werden. Diese Beispiele weisen indes darauf hin, wie wichtig rechtzeitiges und entschlossenes Handeln ist. Werden nämlich Umweltfragen auf die lange

Bank geschoben, kann eine Schubkraft entstehen, die der Erarbeitung von Problemlösungen eher schadet als nützt. Seit der energiepolitischen Diskussion wird deutlich, dass die Annahme falsch ist, Probleme lösten sich leichter oder sogar von selbst, wenn man nur versucht, zunächst Zeit zu gewinnen. Im Gegenteil – Verzögerungstaktik trägt zur Polarisierung und damit zur Verschärfung des gesellschaftspolitischen Klimas bei. Es ist vielmehr eine rechtzeitige Beschäftigung mit diesen Fragen, die es ermöglicht, adäquate Massnahmen einzuleiten. Die Industrie trägt auf diese Weise zur Verbesserung des politischen Klimas bei, das die Debatte um die Rahmenbedingungen prägt.

Bemerkenswert ist indessen, dass ein Umdenken begonnen hat und dass der Generationenwechsel in den Unternehmensführungen die Berücksichtigung von Fragen des Umweltschutzes weiter fördern dürfte. Namhafte Unternehmerpersönlichkeiten haben die Notwendigkeit sicherer und umweltverträglicherer Produkte und Produktionsprozesse erkannt, zur Richtlinie für ihre Tätigkeit gemacht und die Umsetzung an die Hand genommen. Sie stellen damit unter Beweis, dass – entgegen verbreiteter Skepsis – die Marktwirtschaft aus eigenem Antrieb sehr wohl imstande ist, ökologische Probleme zu lösen. Sie liefern ein überzeugendes Beispiel für Glaubwürdigkeit und für Vertrauensbildung sowohl gegenüber der Gesellschaft wie auch gegenüber den eigenen Mitarbeitern. Die Sinndimension ist von besonderer Wichtigkeit für die zur Anonymität neigenden Grossunternehmen. Umweltschutz ist aber keineswegs etwa nur Aufgabe der Industrie, sondern muss ebensosehr das Konsumentenverhalten prägen. Es wäre eine Illusion, davon auszugehen, die Kosten dafür könnten einzig von der Industrie getragen werden. Wer sich nicht der Besitzstandsmentalität oder anderen Utopien hingibt, verschliesst die Augen nicht vor der Dynamik des Strukturwandels. Dieser macht deutlich, dass Innovation ein unverzichtbares Element der Zukunftssicherung bleibt. Die Erkenntnis, dass es keine ökologische Freikarte geben kann, ist der Anfang des Umdenkens bei Konsumenten, Produzenten und staatlichen Organen.

Bewährung in der Risikogesellschaft

Der Mensch in der Industriegesellschaft empfindet verstärkt Abhängigkeit von einer sich immer mehr automatisierenden und technisierenden Welt. Gleichzeitig erfährt er diese Welt als zunehmend komplexer und unverständlicher. Daraus entsteht das Paradoxon, dass der Bürger unserer Zeit zwar ein «Industriebürger» ist, aber gleichzeitig mehr und mehr auf Distanz zur Industrie zu gehen scheint. Konsumenten sagen zwar oft «ja» zum Produkt, aber eher «nein» zur Produktion. Gewisse Analogien gelten für Themen wie Sicherheitspolitik, Landesverteidigung und Sicherung des Friedens in Freiheit.

Der Unternehmer ist geneigt, von seinen Produkten bzw. von seinem Unternehmen nur in den besten Tönen zu sprechen. Die Tatsache, dass Produktion und Produkt auch Belastungen und Risiken mit sich bringen können, wird allzu häufig verschwiegen oder heruntergespielt. Mit einer solchen Informationspolitik – sie ist heute häufig Realität – mögen sich in einigen Fällen kurzfristig positive Wirkungen erzielen lassen. Das so geprägte öffentliche Bewusstsein entspricht jedoch nicht der Realität. Selektive Offenheit ist in der Regel kontraproduktiv. Die Diskrepanz zwischen Anspruch und Wirklichkeit reduziert schon bei der ersten Belastungsprobe die Glaubwürdigkeit meist drastisch. Im Falle von Schwierigkeiten erhöht sie die Verletzbarkeit in vielfältiger und nachhaltiger Form und wird für ein Unternehmen sehr oft überlebenskritisch.

Die heute in Teilen der Gesellschaft anzutreffende überzogene Technik-Feindlichkeit ist nicht zuletzt eine Reaktion auf Entwicklungen der «Macherphase» der fünfziger und sechziger Jahre und stellt gewissermassen den Ausschlag des Pendels ins andere Extrem dar. War man früher geneigt, den Apologeten des wissenschaftlich-technischen Fortschrittes nahezu alles zu glauben, so herrscht heute die Tendenz vor, sozusagen grundsätzlich jeder ihrer Aussagen mit Misstrauen und Ablehnung zu begegnen. Es ist ebenfalls üblich geworden, alles «kritisch zu hinterfragen» – Antworten zu geben ist weit weniger verbreitet. Vor lauter Analysieren droht das Umsetzen in den Hintergrund gedrängt zu werden. Es ist jedoch notwendig, dass das Erkennen von Problemen von Handeln gefolgt wird, und dabei müssen Kriterien der Machbarkeit Massstab sein. Es gilt, Machermentalität und Dimensionen des Machbaren sorgfältig zu unterscheiden. Machermentalität ist ein exzessiver Ausdruck der Wachstumsphase und zu Recht negativ besetzt. Mitte und Mass als Richtlinien unseres Handelns müssten auch die Machbarkeit bestimmen. Exorbitante Forderungen sind stets einseitig, widersprechen dem Erfordernis der Berücksichtigung grösserer Zusammenhänge und drohen letztlich, alle Ansätze zur Problemlösung im Keime zu ersticken.

Wissenschaften und technologische Neuentwicklungen haben auf der einen Seite zu einer bedeutenden Steigerung des Wohlstandes beigetragen. Anderseits haben sie aber auch den Eindruck entstehen lassen, dass sich die Risiken fortlaufend vermehren und vergrössern. Es ist nicht zu verkennen, dass mit zunehmendem Einsatz von Technik auch die «Nebenwirkungen» bzw. Risiken wachsen. Es wäre kurzsichtig und vermessen, diese Risiken bzw. deren Bewusstwerdung in der Gesellschaft nicht wahrhaben zu wollen. Eine solche Haltung trüge nämlich nur dazu bei, Unsicherheit, Misstrauen und Ablehnung zu verstärken. Unsere zivilisatorische Entwicklung hat nun einmal in einem gewissen Sinn zu einer Risikogesellschaft geführt.

Die schwierige Aufgabe, die uns heute gestellt wird, ist die, zwischen den Extrempositionen – der «Uferlosigkeit» und «Nullrisiko-Mentalität» – einen Weg der Vernunft zu finden. Sie erfordert Geduld und Beharrlichkeit sowie die permanente Bereitschaft zum offenen und kompetenten Dialog. Dieser Dialog kann dazu beitragen, jeweilige Zeiterscheinungen und Modetrends aufzuzeigen und auf diese Weise verabsolutierenden Ansprüchen und Tendenzen entgegenzuwirken. So können Massstäbe entwickelt werden, die einen neuen Konsens über den Fortschrittsbegriff ermöglichen. Dieser muss die Wechselwirkungen zwischen Technik und Natur, zwischen Mensch und Umwelt berücksichtigen. Es kann und darf also nicht um ein Entweder-Oder zwischen Ökonomie und Ökologie gehen, sondern es braucht einen Ausgleich zwischen beiden. Es versteht sich von selbst, dass die Verwirklichung dieses Dialogs eine Führungsaufgabe par excellence ist.

Glaubwürdige Öffentlichkeitsarbeit

Eine seriöse, das heisst glaubwürdige Öffentlichkeitsarbeit hat die Funktion, zu dieser Konsensfindung beizutragen. Glaubwürdig kann auf Dauer nur sein, wer Offenheit mit Professionalität verbindet. Vertrauen wird dem entgegengebracht, dem man sowohl die Fachkompetenz für Problemlösungen zubilligt als auch glaubt, dass er nichts verschweigen, verniedlichen oder vertuschen will. Nur auf der Basis von Kompetenz und Transparenz kann Vertrauen wachsen. Und ohne

Vertrauen lässt sich keine Risikoakzeptanz erzielen. Kommunikation zwischen Führung in Politik, Wirtschaft und Wissenschaft sowie der breiten Öffentlichkeit ist ein essentieller Faktor beim Aufbau von Glaubwürdigkeit. Dieser Dialog ist um so wichtiger, je kontroverser die Positionen sind und je emotionaler die Auseinandersetzungen geführt werden. Dabei hilft es auch nicht, das Vorhandensein von Emotionen zu beklagen. Worauf es ankommt, ist, emotionales Engagement und fachliche Kompetenz in Entscheidungsprozesse einzubringen.

Solche Öffentlichkeitsarbeit kann zudem nur dann wirksam werden, wenn sie sich am Bewusstsein und an Fragestellungen der Zielgruppen ausrichtet bzw. inhaltlich auf diese eingeht. Richtig verstanden darf sie sich also nicht auf Botschaften beschränken, die man nach eigener Auswahl für «mitteilenswert» hält, sondern muss Fragen beantworten, die in der Öffentlichkeit wirklich gestellt werden. Sie trägt der Tatsache Rechnung, dass Kommunikation und Informationsaustausch für das Funktionieren jedes Systems von ausschlaggebender Bedeutung sind.

Wer Öffentlichkeitsarbeit hingegen mit dem Ziel betreibt, am Ende werde die vollständige Akzeptanz seiner Botschaft stehen, hat eine falsche Vorstellung und muss scheitern. Professionelle Öffentlichkeitsarbeit, etwa im Spannungsfeld von Nutzen/Risiko-Abwägungen, soll rationale, irrationale und gefühlsmässige Elemente zu einer Balance führen. So gesehen erzielt sie selbst dann einen Erfolg, wenn Entscheidungen nach Abwägung des «Für» und «Wider» in begründeten Fällen auch einmal gegen die bisherige Marschrichtung ausfallen. Nicht die andere Meinung ist gefährlich und schädlich, sondern Irrationalität und Angstpsychosen.

Hier stossen wir ganz deutlich an die Grenzen dessen, was die bisher üblichen Formen der Informationspolitik leisten können. An die Stelle von «Überredungsversuchen» muss das ernsthafte Eingehen auf Fragen und Ängste treten. Offensichtlich determinieren neben inhaltlichen zunehmend auch psychologische Faktoren die Akzeptanz. Es erscheint deshalb zweckmässig, sich noch etwas vertieft mit den Anforderungen an die Führung im Spannungsfeld von Risikoakzeptanz und Zukunftssicherung auseinanderzusetzen.

Risikobereitschaft und Streben nach Sicherheit gehören seit jeher zur menschlichen Natur. Im Idealfall bilden sie ein fruchtbares Spannungsfeld, das grossartige Pionierleistungen des Entdecker- und Erfindergeistes möglich gemacht hat und macht. Im negativen Fall, nämlich dann, wenn einer der beiden Pole des Spannungsfeldes ausfällt oder zu schwach wird, kommt es zu Problemen oder Katastrophen. Risiko bedeutet nicht Bedrohung, sondern kann und soll auch Anstoss und Freiraum zur Zukunftsgestaltung geben. Das Streben nach Sicherheit in einem statischen Sinn führt desto weniger zum Erfolg, je schneller sich die Rahmenbedingungen ändern. Nur dynamisches Verhalten, das im Risiko auch die Chancen sieht, kann in einer sich schnell ändernden Umwelt relative Sicherheit gewährleisten.

Dies stellt hohe Anforderungen an die Führungsqualität und setzt insbesondere die Fähigkeit voraus, in Zusammenhängen zu denken und zu handeln. Nur eine Führung, welche die Kunst des «vernetzten Denkens» beherrscht, ist fähig, Chancen und Risiken in ein dynamisches Gleichgewicht zu bringen und so Vertrauenskapital zu schaffen. Risiken müssen sorgfältig bedacht und mit dem angestrebten Nutzen abgewogen werden. Nach dem Entscheid müssen sie dann auch eingegangen werden. Diese Bereitschaft zum kalkulierten Risiko erfordert professionelle Kompetenz und Intuition, Zivilcourage und Konsistenz. Gerade in Zeiten tiefgreifenden Wandels können weder alle Faktoren, die einen Entscheid determinieren, noch alle seine Folgen erfasst bzw. eingeschätzt werden. Ein gewisses Mass an Unsicherheit bleibt und muss in Kauf genommen werden. Desgleichen muss auch Unvollkommenheit in Rechnung gestellt werden. Menschliches Handeln und Führen können nicht fehlerfrei sein. Gerade deswegen müssen Führungskräfte im Sinne fortwährender Verbesserung offen und lernbereit bleiben.

Richtig verstandene Führung berücksichtigt nicht nur die vielfältigen Zusammenhänge, sondern trägt auch der Tatsache Rechnung, dass sich die Rahmenbedingungen für Politik, Gesellschaft und Wirtschaft fortlaufend verändern. Die klassische Trennung zwischen nationaler Politik und internationaler Lage sowie gesellschaftlichen und technologischen Entwicklungen ist genauso antiquiert und untauglich wie das Denken in Ressorts. Mangelnde Ganzheitlichkeit war, ist und bleibt eine Ursache vieler Fehlentscheide. Eine andere Ursache ist der Mangel an Offenheit, der die frühzeitige Einsicht in das Notwendige, das Akzeptieren von Kompromissen und die rechtzeitige Einleitung von Korrekturen verhindert.

Dazu muss auch die Erkenntnis gehören, dass unsere Wirtschaftsordnung keine Garantie gegen Missbräuche und eine unzweckmässige Ausgestaltung der wirtschaftspolitischen Rahmenbedingungen bieten kann. Anhaltende Verstösse gegen die Ordnungspolitik führen zum Risiko, aufgrund von überlebten Strukturen und Hemmnissen im Innovationsprozess nicht mithalten zu können. Die Folge wäre ein Verlust an Wettbewerbsfähigkeit, welcher seinerseits zwangsläufig in gesellschaftlichen Rückschritt mündet. Nur wenn es gelingt, sich an der Spitze des Wettbewerbs zu behaupten, besteht die Chance, namentlich in den Bereichen des Arbeits-, Gesundheits- und Umweltschutzes eine Pionierrolle zu erlangen. Dies gilt übrigens in besonderem Masse mit Blick auf eine Vollendung des EG-Binnenmarktes. Der internationale Rang einer Volkswirtschaft wird von der Kombination von wirtschaftlicher und technologischer Stärke mit der Ressource Führungsqualität bestimmt.

In einer Zeit des Wandels ist die durch Kompetenz und Glaubwürdigkeit begründete Führung mehr denn je sowohl im privatwirtschaftlichen als auch im politischen Bereich als Daueraufgabe zu verstehen. Zukunftssicherung gelangt ihrem Wesen nach nie zum Abschluss, weil sich die angestrebten Ziele ständig verändern. Den Wandel zu bewältigen heisst, die Ziele immer wieder neu zu definieren, so dass sie den sich wandelnden gesellschaftlichen, politischen und technischen Bedingungen Rechnung tragen können. Ziele zu setzen, sie fortwährend an der Entwicklung und den erreichten Ergebnissen zu messen und sie jeweils neu zu definieren und zu erweitern, ist deshalb ein essentieller Teil der Führungsaufgabe. Wenn die Ziele unklar werden, droht Orientierungslosigkeit. Diese nährt den Ruf nach neuen Ordnungen, die dann oft im Kollektiv bzw. mit Hilfe der Allmacht des Staates realisiert werden sollen – sie ist mithin eine der Triebfedern freiheitsbegrenzender und die Eigenverantwortung schwächender Tendenzen. Dies gilt nicht nur für die Politik, sondern auch für die Wirtschaft. Gerade Unternehmer als Träger der marktwirtschaftlichen Ordnung müssen sich ihre gesellschaftspolitische Verantwortung immer wieder neu bewusst machen und sich ihr mitgestaltend stellen.

Alle müssen begreifen, dass Kompetenz, Offenheit und daraus erwachsende Glaubwürdigkeit und Vertrauen gerade im Fall von Bedrohungen und Krisen das entscheidende Kapital darstellen, von dem im Extremfall vieles, wenn nicht alles, abhängen kann.

Vertrauen kann nur durch Offenheit gegenüber Mitarbeitern und Öffentlichkeit und Kompetenz entstehen. Professionalität der Führung ist die Grundvoraussetzung dafür. Das ist leicht gesagt, aber in der Alltagswirklichkeit oft schwieriger zu realisieren. Aus der Sicht der Öffentlichkeit verdient keineswegs jeder Vertrauen, der um Vertrauen wirbt. Im Gegenteil – wer Vertrauen auf der Basis seines Handelns wirklich verdient, braucht darum nicht zu werben, sondern er findet es aufgrund seines Verhaltens.

Verantwortung als Führungsgrundlage

Glaubwürdige Führung beginnt im Innenverhältnis. Kader und Mitarbeiter müssen davon überzeugt sein, dass die Zielvorgaben, die Strategien und die Aussagen nach aussen von der Führungsspitze wirklich getragen werden. Dass hierbei nur das vorgelebte Beispiel und das faktische Verhalten, nicht jedoch verbale Äusserungen zählen, braucht wohl nicht eigens betont zu werden. Praktizierte Selbstdisziplin gehört dazu. Gelebtes Beispiel bedeutet in diesem Zusammenhang zum Beispiel auch öffentliches Engagement für die Grundsätze einer freiheitlichen und verantwortlichen Ordnung, und zwar unabhängig von den Strömungen des Zeitgeistes. Dieses Engagement hat eine dreifache Funktion. Zum ersten stärkt es die Rahmenbedingungen der liberalen Wirtschafts- und Gesellschaftsordnung. Zum zweiten zeigt es auf, dass die Verantwortung für die Freiheit ernstgenommen wird und staatliche Reglementierungen in vielen Fällen überflüssig macht. Und zum dritten ist es ein wesentlicher Faktor der Glaubwürdigkeit, weil es Anspruch und Wirklichkeit in Einklang bringt. Dieses Engagement und die damit verbundenen Anforderungen an die Inhaber von Führungspositionen sind folglich für jede demokratische Ordnung von herausragender Bedeutung.

Führung im demokratischen Staat muss über ein hohes Mass an charakterlicher und fachlicher Autorität verfügen. Titel und Ämter können das Fehlen von Persönlichkeit nicht ersetzen. Autorität wird nur dann akzeptiert, wenn sie auf Kompetenz in der Sache und auf

Vertrauen aufbaut. Wenn stures Befehlen an die Stelle von motivierendem Überzeugen tritt, leiden Freiheit und Eigenverantwortung.

Die Wirksamkeit der Führung beruht gerade in der Wirtschaft auf der charakterlichen Integrität und fachlichen Kompetenz der Führungskräfte aller Stufen. Vertrauen kann nicht befohlen, es muss erworben werden. Nur Führungskräfte, denen es gelingt, zu führen, ohne zu beherrschen, werden auf Dauer erfolgreich sein. Nur sie vermögen jene Freiräume zu schaffen und zu bewahren, in denen sich Eigeninitiative entfalten und mit Engagement verbinden kann. Nur wenn «neues» Denken sich nicht bloss in plakativer Rhetorik erschöpft, sondern sich auch auf alte Tugenden besinnt, wird es Chancen im Sinne echter Zukunftssicherung eröffnen. Im Grunde genommen geht es also gar nicht so sehr um «neues» Denken – als ob es etwa «altes» Denken gäbe. Die Daueraufgabe bleibt Denken und Handeln.

Peter H. Schürmann

Nur kommunikative Unternehmen werden überleben

Die permanente Revolution

Über Jahrtausende wickelte sich der zwischenmenschliche Informationsaustausch in Ritualen, Gesprächen und Briefen ab. Grundlegend neue Möglichkeiten eröffneten sich mit der Erfindung des Buchdrucks. In die Entwicklungsphase einer permanenten Revolution trat die Kommunikationstechnik aber erst zu Beginn des 20. Jahrhunderts ein. In schnellem Rhythmus erfolgt seither die Einführung neuer Medien. Alle Weltregionen sind durch ein immer engmaschiger werdendes Netz von Informationskanälen miteinander verbunden. Zwischenmenschliche Kommunikation überwindet alle räumlichen und zeitlichen Hindernisse. Aber die neuen Technologien prägen die Art, wie wir miteinander kommunizieren. Viele Zeitgenossen kritisieren die neuen Kommunikationsmittel, weil sie sich von der Flut technischer Innovationen überrollt fühlen. Nur indem wir auf der Ebene persönlicher Entwicklung mit dem technischen Fortschritt gleichziehen, können wir den verantwortlichen Umgang mit den neuen Kommunikationsmitteln erlernen.

Wir sind durch die Informationsgesellschaft dazu herausgefordert, den Entwurf eines neuen, offenen Denkens zu wagen. Die Chancen, die das internationale Informationsnetz bietet, wird nur nutzen können, wer immer schneller und präziser kommunizieren lernt, ohne dabei die menschliche Nähe, die Betroffenheit einzubüssen.

Inwiefern kann davon die Rede sein, dass dazu ein neues Denken erforderlich ist? Gesellschaftliche Veränderungen vollziehen sich nicht nur «aussen», im Bereich zwischenmenschlicher Umgangsformen und sozialer Strukturen, sondern sie beziehen stets das Selbstverständnis jedes einzelnen mit ein. Das Denken und Handeln aller Menschen gestaltet sich im Wechselspiel mit den jeweils herrschenden gesellschaftlichen und kulturellen Verhältnissen. Die Fragen nach dem neuen Denken, dem neuen Selbstverständnis des Menschen und seiner Beziehung zu neuen Kommunikationsmöglichkeiten lauten also kurz:

- Wer ist der Mensch in der Informationsgesellschaft?
- Welches sind die Lebensbedingungen und die Entfaltungsmöglichkeiten, die diese neue Gesellschaftsform kennzeichnet?

Leben in der Informationsgesellschaft

Wenn die postmoderne Gesellschaft als Informationsgesellschaft bezeichnet wird, so bedeutet das im wesentlichen zweierlei:

Das Leben einzelner Menschen und das Funktionieren einzelner Betriebe oder Staaten ist in ein weltweites Informationsnetz eingebunden. Dieses besteht unabhängig von seinen Benutzern. Seine Träger sind die Medien, die eine Vielzahl von Wissensspeichern miteinander verknüpfen. Das somit jederzeit abrufbare Wissen, das in Bibliotheken, Archiven und Datenbanken gespeichert ist, wächst ungeheuer schnell an. Fremont Rider, der Bibliothekar der amerikanischen Wesleyan University, hat ausgerechnet, dass sich der Bücherbestand in Forschungsbibliotheken seit dem 18. Jahrhundert alle 16 Jahre verdoppelt hat.

Jedermann kann für das internationale Informationsnetz zur Informationsquelle werden; jedermann kann Daten einspeisen oder abrufen. Kritische Stimmen erheben sich zur wachsenden Bedeutung der Medien, weil diese täglich eine Fülle von Informationen auch an diejenigen Menschen herantragen, die gar kein konkretes Informationsbedürfnis angemeldet haben. Für viele Netzteilnehmer wird Information dadurch zum passiv aufgenommenen Konsumgut.

Wonach aber jagen die anderen, die aktiven Netzteilnehmer? Im wesentlichen kann man sich von Informationen dreierlei versprechen: Macht, Bildung oder Lebenssinn. Der deutsche Philosoph Max Scheler unterschied in diesem Sinn zwischen Herrschafts-, Bildungs- und Erlösungswissen. Im Hinblick auf die Welt des Unternehmens müssen uns hier in erster Linie jenes Wissen, jene Art Informationen interessieren, die Macht vermitteln.

Herrschaftswissen kann selten jenem Strom täglicher Aktualitäten entnommen werden, der viele Medienbenützer passiv trifft. Auch Herrschaftswissen ist aber an Aktualität gebunden. Es weist sogar eine immer kürzere Zerfallszeit auf. Unter Herrschaftswissen sind Informationen und Kenntnisse zu verstehen, die uns im täglichen Wettbewerb Vorteile verschaffen. Solches Wissen muss aktiv gesucht, beschafft oder erfunden werden. Die wachsende Fülle weltweit verfügbarer Informationen wird zum Hindernis, denn offensichtlich hat sich die Problematik der Informationsbeschaffung durch den Fortschritt der Kommunikationsmittel gewissermassen umgekehrt:

Früher wurde fachspezifisches Know-how als Geheimnis gehütet. Holländische Maler riskierten im 16. Jahrhundert Kopf und Kragen, um in der Toskana das Rezept für eine bestimmte Farbe aufzuspüren. Heilkundige durchkämmten den Orient auf der Suche nach neuen medizinischen und psychologischen Erkenntnissen.

Umgekehrt heute: Alle Informationen stehen zur Verfügung und werden jedermann ins Haus geliefert. Die vordringlichste Frage, die sich dem Informations-Manager eines Unternehmens stellt, ist diejenige nach den richtigen Auswahlkriterien.

Zwar gibt es noch immer branchenspezifisches Know-how wie Rezepte oder Konstruktionspläne – Wissen, das in Tresoren gehütet wird. Der grösste Teil des Herrschaftswissens unserer Zeit steht aber jedermann zur Verfügung. Die Frage ist, wer die entscheidenden Informationen rechtzeitig aufspürt, wer ihre Aktualität als erster erkennt. In dieser Situation erscheint es in den meisten Fällen sinnlos, Informationen zu horten. Ihre strategische Bedeutung wächst und zerfällt schnell. Marktvorteile gewinnt, wer die einmal gewonnenen Kenntnisse schnell genug an die entscheidenden Stellen weiterleitet. Der Erfolg eines Unternehmens hängt heute weniger von den Vorzügen der Produkte ab als von der Flexibilität und der Kommunikationsfähigkeit des Managements.

Was aber ist darunter zu verstehen? Wagen wir den Versuch, die Umrisse einer möglichen Definition zu ziehen, um den Unterschied zwischen Information und Kommunikation deutlicher herauszustellen.

Information ist eine Sache, Kommunikation eine Fähigkeit

Kommunizieren heisst mit Informationen umgehen. Grundsätzlich haben wir zwischen einseitigen und gegenseitigen Kommunikationssituationen zu unterscheiden. Einseitig kommuniziert der Befehlshaber, die patriarchale Autorität. Einseitig verläuft auch der Kommunikationsprozess zwischen Massenmedien und passiven Zuhörern oder Zuschauern.

Genaugenommen wird in diesen Situationen gar nicht kommuniziert, sondern lediglich informiert. Die Information als Sache wird durch diesen Vorgang nicht verändert.

Anders die Botschaften, die im gegenseitigen Kommunikationsprozess ausgetauscht werden. Sie verändern und entwickeln sich im Hin und Her der Gedankengänge. Dabei setzt gegenseitige Kommunikation im Betrieb natürlich voraus, dass die Gesprächspartner des Managers auch «etwas zu sagen haben». Im Raum kommunikativer Unternehmenskulturen ist selbstverständlich, dass die Macht von der Spitze an die Basis delegiert werden muss. Ausgewogene, horizontale Betriebsstrukturen sind die Voraussetzung gegenseitiger Kommunikation, denn das Feld des offenen Gesprächs lässt sich selbstverständlich nicht durch hierarchische Marksteine begrenzen.

Gegenseitig kommunizieren Menschen im Gespräch. Gegenseitige Kommunikation ist aus verschiedenen Gründen die überlegene Form des Umgangs mit Informationen:

– Nur wenn der Angesprochene zurückfragt, lassen sich die jeweils aktuellen, für ihn bedeutenden Informationen schnell und sicher genug auswählen.

– Nur wer sich der Flut verfügbarer Informationen als Fragender aktiv stellt, kann die vermittelten Kenntnisse für seine berufliche und private Situation fruchtbar machen. Was oft als Kritik an den Medien formuliert wird, trifft eigentlich die passive Haltung vieler Medienbenutzer. Die Informationsgesellschaft stellt in erster Linie eine neue Herausforderung zur Kommunikationsfähigkeit dar. Wer Kommunikation als «Kunst» versteht, lässt sich nicht in die Haltung des passiven Informationsempfängers drängen.

Das Erlernen dieser Kunst verlangt eine Geistesgegenwart, die sich nicht in jeder möglichen Kommunikationssituation neu aufbauen lässt. Sie setzt ein neues Selbstverständnis voraus. Besonders fruchtbar hat sich für dieses neue Bild des Menschen ein Modell erwiesen, das zuerst von Naturwissenschaftern verwendet wurde: das Konzept des offenen Systems. Was ist darunter zu verstehen?

Das Unternehmen als offenes System

Als offene Systeme können Pflanzen, Tiere und Menschen, aber auch alle Arten von Gruppenbildungen – von der Bakterienkultur bis zum Grossunternehmen – betrachtet werden. Alle offenen Systeme haben eine grundlegende Eigenschaft gemeinsam: Sie kommunizieren mit ihrer Umwelt, um überleben zu können. Mit der Kommunikation ist immer ein Anpassungsprozess verknüpft. Die Umwelt stellt wechselnde Anforderungen an das System, das diese mehr oder weniger flexibel erfüllt – und umgekehrt: Das offene System hat Bedürfnisse, stellt Anforderungen an seine Umwelt. Das offene System und seine Umwelt wirken gegenseitig aufeinander ein. Sie wandeln sich beide im Verlauf der Kommunikationsprozesse, die ihr Zusammenspiel regeln. Je flexibler die Umwelt ist, desto starrer kann das System werden. In einer unveränderlichen Umwelt muss das offene System selbst die grösste Flexibilität aufbringen. Es muss sich selbst ständig verändern und neu anpassen können, um seine wechselnden Bedürfnisse zu decken.

Das vordringlichste Bedürfnis offener Systeme besteht in der Erhaltung der Offenheit, der Kommunikationsfähigkeit. Nur solange es diesem Bedürfnis gerecht wird, überlebt das System.

Was bedeutet das nun für den Anwendungsfall der Unternehmenskultur und insbesondere für das Informationsmanagement? Ausgehend vom systemtheoretischen Modell haben wir grundsätzlich zwischen machtorientierten, geschlossenen und kommunikativen, offenen Kulturen zu unterscheiden.

Machtorientierte Unternehmenskultur

Machtorientierte Unternehmenskulturen beherrschten das Bild der Wirtschaft im Zeitalter der Industrialisierung. Der Unternehmer tritt in solchen Kulturen als Machthaber auf. Gegenüber den Mitarbeitern und Lieferanten strebt er eine Situation umfassender Kontrolle an. Je besser er den Markt beherrscht, desto sicherer ist sein Erfolg. Im Idealfall wird die Firma im Wechselspiel mit den Kunden zum geschlossenen System. Dem konstanten Angebot steht eine ebenso unveränderliche Nachfrage gegenüber. Dieses Ideal konnte im letzten Jahrhundert nahezu verwirklicht werden, wo Pioniere der industriellen Produktion mit ihrem Angebot über Jahre oder Jahrzehnte konkurrenzlos blieben. Im Umgang mit den Mitarbeitern konnten machtorientierte Unternehmenskulturen erfolgreich sein, solange Arbeitskräfte im Überfluss zur Verfügung standen und es nicht wagten, ihre Bedürfnisse zu formulieren. Beide Bedingungen sind in der Informationsgesellschaft nicht mehr erfüllt: Alle Produkte sind einem wachsenden Konkurrenzdruck ausgesetzt. Der Markterfolg hängt wesentlich davon ab, wie schnell und zu welchen Preisen produziert werden kann – und wie flexibel das Unternehmen auf die Veränderungen seiner Umwelt reagiert. Höchstleistungen zeigen die Mitarbeiter nur, wenn sie den Sinn ihrer Arbeit im Rahmen übergeordneter Firmenziele erkennen. Dieser lässt sich nur im Prozess gegenseitiger Kommunikation vermitteln.

Denn das Defizit im Bereich des Sinns, das machtorientierte Unternehmenskulturen in den Mitarbeitern erzeugen, ist das zentrale Argument für ein neues Denken, eine Wende zur kommunikativen Öffnung. Es zeigt sich in der Beziehung zwischen Tagesschausprecher und Fernsehzuschauer nicht weniger deutlich als in derjenigen zwischen Chef und Mitarbeiter in machtorientierten Unternehmenskulturen: Informationen gewinnen dadurch, dass sie zwischen einem Sender und einem Empfänger übermittelt werden, noch keinerlei Sinn. Informationen sind eben nur der Rohstoff, aus dem wache, offene Menschen ihre Kommunikation aufbauen. Die Informationsgesellschaft stellt uns vor die dringende Aufgabe, die unausgesetzt einströmenden Informationen in Kommunikation zu verwandeln, das heisst mit Sinn zu erfüllen.

Kommunikative Unternehmenskultur

Je machtorientierter die Unternehmenskultur ist, desto weniger fühlen sich die Mitarbeiter persönlich betroffen. Gehorsam ist ein schwaches Motiv. Erst im Prozess gegenseitiger Kommunikation können private Interessen, Bedürfnisse im Bereich der Lebensqualität am Arbeitsplatz und Firmenziele zueinander in Beziehung treten.

In diesem Prozess geht es um nichts Geringeres als um die Motivation. Denn Motivation ist ein inneres, ein psychisches Geschehen, das von aussen – etwa von seiten des Vorgesetzten – nur mehr oder weniger begünstigt oder behindert werden kann. Maximale Motivationskräfte werden durch innere Spannungen freigesetzt. Solche Spannungen entstehen, wenn die Mitarbeiter eines Betriebs sich den Unternehmenszielen verpflichtet fühlen. Derartige persönliche Verpflichtung lässt sich nicht veranlassen. Sie kann nur aus dem offenen Gespräch, aus der Begegnung erwachsen. Spannungen entstehen notwendigerweise, weil die Unternehmensziele ja bei den Mitarbeitern nicht in einen leeren Raum treffen, sondern mit persönlichen Zielen zusammentreffen. Zwischen beiden bildet sich eine zunächst gespannte, vielleicht sogar kritische Beziehung. Der Wille zum Abbau dieser Dissonanz aber ist die eigentliche Quelle der Motivationskraft.

Zunächst weckt Kommunikation das Interesse am Geschehen in der Firma. Nur in kommunikativen Unternehmenskulturen werden die Firmenziele überhaupt allen Mitarbeitern bewusst. Erst die gegenseitige, offene Kommunikation weckt bei allen Beteiligten das Interesse für die Bedingungen und Möglichkeiten der gemeinsamen Arbeit. Schon die gegenseitige Bereitschaft zu solcher Kommunikation vermittelt das Gefühl menschlicher Nähe und schafft die unabdingbare Vertrauensbasis der Unternehmenskultur, die den heutigen Anforderungen gewachsen ist. Die erforderliche Flexibilität lässt sich nur aufrechterhalten, wenn alle Mitarbeiter im Blick auf das gemeinsame Ziel selbständig handeln und entscheiden können. Wo das nötige Vertrauen fehlt, werden Informationen nur zögernd weitergeleitet, Kompetenzen zu spät delegiert. Auf dem Personalmarkt sind deshalb vorab jene Unternehmen erfolgreich, die ihre zukünftigen Mitarbeiter persönlich ansprechen und überzeugen können. Die Arbeitskräfte, die sich durch Geld dazu verlocken lassen, sich der Kontrolle durch eine machtorientierte Unternehmenskultur zu unterwerfen, sind nicht die Mitarbeiter, die den Erfolg der Firma mittragen können. Kommunikation ist das wichtigste Mittel zur Kultivierung des Betriebsklimas – und das Betriebsklima ist längst zur wichtigsten strategischen Erfolgsposition geworden.

Kommunikative Unternehmenskultur bedingt notwendigerweise den Verzicht auf umfassende Kontrolle. Die Firma, die sich als offenes System versteht, setzt sich nach innen und nach aussen unkalkulierbaren Einflüssen aus. Erst dadurch ist das Management in der Lage, feine Veränderungen der inneren oder äusseren Lage schnell wahrzunehmen und entsprechend zu handeln, zu reagieren. Nur in kommunikativen Unternehmenskulturen kann sinnvollerweise eine Übereinstimmung von Innenbild und Aussenbild angestrebt werden. Der machtorientierte Unternehmer vergangener Zeiten bekam beide Bilder seines Betriebes höchstens durch glücklichen Zufall zu Gesicht. Wer umfassende Kontrolle der inneren und äusseren Lage anstrebt, verbaut sich selbst den Zugang zu den wichtigsten Informationen.

Schliesslich geht es aber bei solchen grundsätzlichen Überlegungen zur Kultur des Unternehmens, das in die Gesellschaft von morgen passt, nicht nur um den kurzfristig eigenen Nutzen. Je offener das System wird, desto deutlicher wird, dass sich der Betrieb und seine Umwelt nur gemeinsam, in gegenseitiger Abhängigkeit, entwickeln können. Dabei ist unter der Umwelt im Informationszeitalter das globale Ensemble der Pflanzen, Tiere und Menschen, der Ressourcen und der meteorologischen Veränderungen zu verstehen.

Globale Kommunikation als Aufgabe

Täglich versorgen uns die Medien mit Neuigkeiten zum Stand der Dinge. Die Welt ist geschrumpft und in greifbare Nähe gerückt. Trotzdem verändert sich die weltweite Problemlage nur langsam. Über Jahrzehnte bedrängen uns dieselben ungelösten Fragen:

- Wird sich die Umwelt erholen?
- Wird sich die Hungerkatastrophe abwenden lassen?
- Lässt sich die atomare Bedrohung bannen?

Das globale Informationsnetz schliesst alle Menschen ein – ob sie wollen oder nicht. Alles, was sich auf dem Planeten Erde abspielt, betrifft uns alle. Aber wie präzise die Medien uns auch immer informieren – sie können unsere Betroffenheit nicht erzwingen. Es liegt an jedem einzelnen Medienbenützer selbst, mit der Welt in gegenseitige Kommunikation zu treten, sich der Betroffenheit auszusetzen, um dann die nötigen Anpassungsschritte im eigenen Handeln zu vollziehen. Kein Mensch, keine Firma und kein Staat kann sich heute noch als Insel verstehen wollen. Das internationale Informationsnetz stellt jeden Menschen und jede Gruppe vor die Aufgabe, mit der globalen Schicksalsgemeinschaft in gegenseitige Kommunikation zu treten.

Fünf Thesen und eine Zusammenfassung

1. Das neue Denken versteht einzelne Lebewesen und Gruppen wie Firmen oder Staaten als offene Systeme. Offenheit, Kommunikations- und Anpassungsfähigkeit sind die wichtigsten Bedingungen des Überlebens und des Erfolgs bei der Verwirklichung der jeweiligen Ziele.

2. Kommunikationsfähigkeit beweist, wer sich dem offenen, gegenseitigen Austausch von Informationen stellt. Kommunikative Unternehmen lernen zugleich von ihrer Umwelt und vom Gespräch zwischen Management und Mitarbeitern. Die Firma gewinnt ihr Selbstverständnis aus dem Bild, das sich die Gesprächspartner innen und aussen von ihr machen. Die Unternehmensentwicklung zielt darauf hin, beide Bilder in Übereinstimmung zu bringen.

3. Die Entwicklung einer kommunikativen Unternehmenskultur setzt keine strukturellen Veränderungen voraus. Ihre wichtigste Bedingung ist, dass sich die Führungsverantwortlichen selbst als offene Systeme verstehen – als Wesen, die existenziell auf gegenseitige Kommunikationsprozesse angewiesen sind.

4. Verhaltensänderungen gehen auf das Bedürfnis zurück, innere Spannungen abzubauen. Nur der Mitarbeiter, der Interesse für die Firmenziele entwickelt, kann die Spannung zwischen persönlichen und betrieblichen Zielen entdecken und erleben. Machtorientierte Unternehmenskulturen schwächen die Motivation, indem sie diese Spannung abbauen. Gehorsam ist ein schwaches, Spannungsabbau ein starkes Motiv.

5. Die Flut der weltweit verfügbaren Informationen kann nur bewältigt und sinnvoll genutzt werden, wenn auch zwischen den Medien und ihren Benützern ein Prozess gegenseitiger Kommunikation in Gang kommt. Das setzt Denkarbeit voraus. Wer mit Fragen im Kopf vor dem Bildschirm sitzt, entdeckt den Sinn der Informationen. Das Wechselspiel von Frage und Antwort weckt Betroffenheit und schafft das Motiv zur Anpassung des eigenen Handelns an die globale Umwelt.

Rudolf K. Sprüngli

Vision als Evolution

Zur Aktualität visionären Denkens

Die in jüngerer Zeit beobachtbare Faszination der neueren Managementliteratur durch die Phänomene von Unternehmungskultur und -identität und die damit zusammenhängende Erkenntnis der integrierenden Kraft von ganzheitlichen Visionen bei der Formulierung und Umsetzung von Unternehmungspolitiken und Strategien kommt nicht von ungefähr.

Sie bedeutet letztlich eine Neubewertung von Integrationsfaktoren in sozialen Systemen, die im Bemühen um die Erreichung der Unternehmungsziele mit vor allem rationalen und logischen Methoden in den Hintergrund getreten waren.

Nachdem die sechziger Jahre unseres Jahrhunderts im Zeichen der «Entdeckung» des Marketing standen, waren die siebziger Jahre durch systemtheoretische Überlegungen und eine Neubewertung strategischen Denkens geprägt, was dann in den achtziger Jahren von einer zunehmenden Beschäftigung mit Fragen der Unternehmungspolitik, -identität und -vision gefolgt wurde.

Die Vision der Unternehmung als Maschine wurde bald abgelöst von der Vision der Unternehmung als mehrdimensionalem produktivem, sozialem System, worauf die Vision der Unternehmung als lebendiger, evolvierender Organismus folgte.

Die zunehmende Beschäftigung mit Visionen ist letztlich ein Aspekt der umfassenden Bemühungen um *ganzheitliches Denken* im Management.

Sie ist aber auch charakteristisch für ein organischeres Verständnis von Management, welches dieses als Evolutionsprozess zu begreifen versucht und Analogien zu organischen Lebensprozessen herstellt. Und letztlich drückt sich in der Beschäftigung mit Visionen auch eine Reaktion auf die Erkenntnis der Grenzen der Rationalität im Management aus.

Über Visionen werden Werte, Geschichte, Wünsche, Träume, Ideen, Kreativität, Intuition, Emotionalität und Gefühle wieder als notwendiger Teil des Unternehmungsgeschehens gesehen und in ihrer Effizienz zur Fokussierung verschiedenster Energien und Bemühungen erkannt. Die Beschäftigung mit Visionen ist ihrerseits das Resultat eines Evolutionsprozesses der Selbst-Bewusstwerdung von Führungskräften und Managementgelehrten bezüglich ihrer Funktion.

Zur Funktion von Visionen und Leitbildern[1]

Visionen und Leitbilder in sozialen Systemen dienen der Vermittlung von Sinn und Zweck und damit der Vereinigung und Ausrichtung menschlichen Handelns.

Als Konstituanten kooperativer Tätigkeit können sie vor allem folgende *Funktionen* wahrnehmen:

1. Eine *Organisationsfunktion*
Die gemeinsame Teilung eines Wertsystems durch eine Vielzahl von Individuen erlaubt eine Kanalisierung von Energie auf ein gemeinsames Ziel hin, sie dient der Fokussierung und Organisation ihrer Aktivitäten.

2. Eine *Allokationsfunktion*
Erweiterte Kommunikation aufgrund eines gemeinsamen Bezugssystems wirkt kooperationsfördernd und ermöglicht eine effizientere Allokation von Energie und Materialien. Leitbilder und die auf ihnen aufbauenden Pläne können im Sinne von Boulding als «genetische Grundlage» energetisch-materieller Transformationsprozesse aufgefasst werden.[2]

Was in der genetischen Struktur eines Organismus (der Genosphäre) an Information einem späteren Phänotypus zugrunde liegt, findet seine Entsprechnung in der Noosphäre (der Sphäre menschlichen Denkens) in Form von Plänen, Ideen, Visionen, Leitbildern und Paradigmen.

[1] Dieser Abschnitt ist eine gekürzte und teilweise ergänzte Bearbeitung eines Kapitels aus meiner Dissertation. (Vgl. Sprüngli R. K., Evolution und Management, S. 196 ff.)
[2] Vgl. Boulding, K. (Ecodynamics), S. 15, 141 ff., insb. 189 ff.

Eine dynamische vernetzte Kombination der letzteren führt schliesslich zu einer noetischen Evolution menschlicher Artefakte und Geschichte.

Visionen katalysieren also einen *Selbstorganisationsprozess* an Energie, Information und Materie.[1]

Sie erzeugen ein *Spannungsfeld* zwischen Wunsch und Wirklichkeit, sind ihrerseits eine neue Wirklichkeit des noch nicht Aktualisierten, erst im Geiste Geborenen, das der Materialisierung und Konkretisierung harrt.

Visionen haben alleine genügt jedoch nicht. Ihre Umsetzung bedarf grosser Energie, Konsequenz und Disziplin.

Aber alleine der Prozess ihres Formulierens ist ein Prozess der Bewusstwerdung, eine Auseinandersetzung mit verschiedenen Möglichkeiten der zukünftigen Entwicklung.

3. Eine *Orientierungsfunktion*
Dies vor allem durch Schaffung eines gemeinsamen Bezugssystems einer bestimmten Sprache und Symbolwelt, eines Wertsystems, welches Kommunikation, Bewertung, das Erstellen von Rangordnungen und letztlich das Entstehen von Kultur ermöglicht.

Einem sich sowohl geistig als auch materiell manifestierenden, systemhaft verbundenen Beziehungsgefüge anzugehören, wirksamer Teil eines übergeordneten, sich im Leitbild verkörpernden umfassenden Ganzen zu sein, entspricht offenbar einem menschlichen Grundbedürfnis, welchem durch Visionen und Leitbilder teilweise entsprochen wird.

Visionen geben, wenn sie eine klare, kommunizierbare Form haben, Sicherheit, Orientierung und Festigkeit:
Wenn man sein Ziel kennt, so gibt das Festigkeit.
Festigkeit allein führt zur Ruhe.
Die Ruhe allein führt zum inneren Frieden.
Der innere Friede allein ermöglicht ernstes und besonnenes Nachdenken.
Ernstes und besonnenes Nachdenken führt zum Gelingen.
(Konfuzius, Weisheiten 57/58)

[1] Vgl. Jantsch, E. (Selbstorganisation)

4. Eine *Identifikationsfunktion*

Sie hängt eng mit der Orientierungsfunktion zusammen. Leitbilder und Visionen vermitteln Ideale, sie ermöglichen die Identifikation mit etwas Höherem, über die Person des Einzelnen Hinausgehenden. Sie dienen damit der Vermittlung eines höheren Sinnes der individuellen Tätigkeit und entsprechen dem menschlichen Bedürfnis nach Selbsttranszendenz.

Wie Arthur Koestler eindrücklich demonstriert, ist gerade dieses Bedürfnis und die Fähigkeit zur Selbsttranszendenz sowohl für die grössten kulturellen Leistungen wie auch für die schlimmsten Verbrechen der Menschheit verantwortlich.[1]

Die unglaublichsten Abscheulichkeiten, aber auch die gewaltigsten Leistungen wurden im Bewusstsein eines übergeordneten Zweckes vollbracht, was uns zur nächsten Funktion überleiten lässt.

5. Eine *Entlastungsfunktion*

Leitbilder dienen u.a. zur Rechtfertigung persönlichen Handelns jeder möglichen Art. Die freiwillige Aufgabe der Individualität erscheint in der Sicht des unter dem Einfluss des Paradigmas Handelnden geradezu als das Gegenteil, nämlich als Vorbedingung zur Erreichung der Freiheit, des Ideals. Man ist insofern von persönlicher Schuld und Verantwortung befreit, als alles im Namen des übergeordneten Zweckes geschieht.[2]

Dadurch, dass das Leitbild Sicherheit, Orientierung, das Gefühl des zu einem grösseren Ganzen Gehörens verleiht, entbindet es teilweise von energieaufwendigem, selbstständigem, kritischem Denken, von der «fürchterlichen Bürde der Freiheit» im Sinne Dostojewskis.[3]

Wie ungern die Menschen sich von einem Paradigma trennen, das sie in sich aufgenommen haben, wird am Beispiel des Fanatismus klar,

[1] Koestler, A. (Janus) S. 60

[2] Z.B. Zum Wohle des Vaterlandes, des Führers, der Familie, des Glaubens oder der Wissenschaft. Aufschlussreich sind die simulierten Elektroschock-Experimente von Milgram in Yale, beschrieben in: Koestler, A. (Janus) S. 83 ff. Vgl. auch Milgram, S. (Obedience to Authority)

[3] Vgl. Dostojewski, F. (Karamasow) S. 284 (Der Dialog zwischen Jesus Christus und dem Grossinquisitor)

welcher ja eigentlich immer ein Kennzeichen einer Verteidigungshaltung ist, die sich aufgrund eigener Unsicherheit durch Unerbittlichkeit und Ignorierung des gegnerischen Standpunktes auszeichnet.

Selbsttranszendenz durch Verfolgung höherer Prinzipien kann bis zur absoluten Selbstaufgabe führen, zum Gefühl der Irrelevanz des eigenen Todes bzw. zum Gefühl dessen *Sinnes.*

Man stirbt für eine höhere Idee und nähert sich dadurch dem Ideal, indem man sich durch den Tod selbst transzendiert. Die Geschichte (v.a. auch unsere gegenwärtige) kennt genügend heilige Kriege, welche dafür als Beispiele dienen können.

6. Eine *Wahrnehmungsfunktion*

Leitbilder sind *selbst* Instrumente der Wahrnehmung. Wahrnehmung wird durch sie sowohl ermöglicht als auch geprägt. Dadurch, dass sie ein Bezugssystem mit gewissen Standards (Werten) schaffen, ermöglichen, selektieren sie also die Wahrnehmung (Selektionsfunktion), sie wirken in dieser Hinsicht varietätsbeschränkend. Auch die Reflexion kann durch sie weitgehend kanalisiert werden, dies gilt vor allem für Dogmen und Ideologien.

Mit der Reflexion wird schliesslich auch das Handeln kanalisiert bzw. beeinflusst. Handlungsfähigkeit kann durch klare Leitbilder erhöht werden. Das Leitbild nimmt also auch eine *Abgrenzungsfunktion* wahr, indem es aufgrund seiner Existenz einen Unterschied in die Welt setzt zwischen dem ihm Zugehörenden und dem «anderen».

Diese Funktion ist beispielsweise wichtig für die Bestimmung kultureller und individueller Identität. Die varietätsbeschränkende Wirkung von Leitbildern kann im Extremfall zur Erstarrung von Wertsystemen führen, so dass diese schliesslich kontraproduktiv zu werden beginnen.

Der zunehmende Aufwand zur Erhaltung des «alten» Leitbildes führt dann zu einem immer stärkeren Anwachsen strukturverändernder Einflüsse, bis das Wertsystem schlagartig eine grosse Änderung erfährt.

Zur Evolution von Leitbildern

Visionen entstehen organisch aus einer sozialen Gemeinschaft heraus. Sie werden nicht von aussen aufgepfropft oder «gemacht». Ihr teilweise schlagartig anmutendes Entstehen ist lediglich das Resultat eines langen Reifungsprozesses mit einer plötzlichen, in höchster Intensität stattfindenden Verdichtung an dessen Ende.

Die Neuformulierung einer Vision scheint in ihrer ursprünglichen Form normalerweise zuerst im Geiste einer einzelnen Person aufzutauchen, anstatt direkt aus einem Gruppenprozess hervorzugehen.[1]

Durch das Zusammenwachsen von Fragmenten individueller Einsicht entsteht eine neue Ordnung, welche die alte ersetzt. Sehr oft wird diese neue Ordnung durch die visionäre Erfahrung eines Individuums eingeführt, welches die höchsten Aspirationen der neuen Kultur verkörpert. Es handelt sich also oft um eine spontan erscheinende Umstrukturierung, die durch eine ursprüngliche kleine Schwankung ausgelöst wird, welche eine interne autokatalytische Verstärkung erfährt und schliesslich durchdringt.

Auch Visionen und Leitbilder haben einen Lebenszyklus.

Gewöhnlich beginnt der Zyklus in der ersten Phase mit leidenschaftlicher *Rebellion* gegen vorher dominante Werte und deren Ablehnung, was zu einem Durchbruch zu neuen Fronten, einem Paradigmenwechsel im Sinne Kuhns führt.[2]

In der zweiten Phase herrscht ein Klima des *Optimismus* und der *Euphorie* vor; den Giganten, welche den Fortschritt begründeten, folgen als Fussvolk ihre Anhänger und Imitatoren in die neu eröffneten Territorien, um deren reiches Potential zu erforschen und auszubeuten. Dies ist die Phase kumulativen Prozesses par excellence, in welcher neue Einsichten entwickelt und perfektioniert werden.

Die dritte Phase bringt *Sättigung* mit sich, welche von *Frustration* und *Erstarrung* gefolgt wird. Die vierte und letzte Phase ist eine Zeit der *Krise* und des *Zweifels,* in der alles in Stücke zerfallen zu sein scheint und die Kohärenz fehlt. Sie ist aber auch eine Zeit des wilden Experimentierens und der kreativen Anarchie, welche die nächste Re-

[1] Vgl. Wallace, A.F.C. (Revitalization Movements) S. 264

[2] Vgl. Kuhn, T.S. (Revolutionen), sowie Koestler, A. (Janus) a.a.o. S. 160 ff.

volution vorbereitet und auslöst, so dass der Zyklus wieder von neuem beginnt.

Aktuelle Visionen und mögliche Auswirkungen

In jüngerer Zeit haben nun Visionen, Leitbilder und Konzepte eine Bedeutung erlangt, die unsere Welt stark zu wandeln im Begriffe sind. Nachfolgend können nur einige in sehr rudimentärer Weise beleuchtet und auf ihre möglichen Auswirkungen auf unsere Zukunft hin betrachtet werden.

– Die *«globale Vision»* wie z.B. diejenige eines globalen Marktes oder eines «global village» bzw. eines «Raumschiffes Erde» ist nach wie vor von hoher allgemeiner Aktualität. In der Tat ist unsere Welt in den letzten Jahrzehnten enorm zusammengerückt.

Die anlässlich der ersten Mondlandung aufgenommenen Photos unseres blauen Planeten haben wohl wie kein anderes Symbol das Bewusstsein für globale Dimensionen, aber auch für globale Begrenzung geweckt. Da jedes Wahrnehmen einer Grenze bis zu einem gewissen Grade deren Überschreitung impliziert, waren die Reaktionen darauf eine zunehmende Beschäftigung mit einer Expansion nach innen wie auch nach aussen.

Die Vision vom «Raumschiff Erde» stammt ursprünglich von Buckminster Fuller und ist angesichts unserer ökologischen Problematik im Begriffe, eine immer aktuellere Bedeutung zu erlangen.[1] Sie erhöhte schlagartig das Bewusstsein für die Begrenztheit unserer natürlichen Ressourcen und der Notwendigkeit der Nutzung der Unbegrenztheit des menschlichen Geistes zur Lösung von Problemen. Als einziges der Selbstreflexion fähiges Geschöpf auf der Erde trägt der Mensch letztlich auch eine Verantwortung für das Leben auf unserem Planeten, und keine politische Partei kann es sich m.E. heute leisten, die Ökologie in ihrem Programm völlig zu vernachlässigen.

Im Bereiche der Wirtschaft führte die globale Vision entweder zur bewussten Entwicklung globaler, weltumspannender Strategien im Sinne der Erkenntnis der Notwendigkeit eines frühzeitigen Positionsbezuges in Schlüsselmärkten oder als Alternative zur Rückbesin-

[1] Vgl. Fuller, B. (Operating Manual)

nung auf die eigenen Dimensionen und zur bewussten Konzentration der Kräfte und Mittel auf regionale Märkte und spezielle Segmente.

– *Die Vision der Triade,* also von drei Hauptwirtschaftsblöcken in der Welt (Amerika, Japan und ein vereinigtes Europa) hat viele Führungskräfte zur Anpassung ihrer Strategie bezüglich Präsenz in diesen Märkten veranlasst.

Politisch gewinnt diese Vision auf dem Hintergrund der jüngsten Ereignisse im Ostblock und in China neue Brisanz und Aktualität.

Eine allmähliche Öffnung des Ostblocks v.a. auch in wirtschaftlicher Hinsicht hätte unter Umständen dramatische Implikationen für dieses Dreiecksverhältnis.

Wie jedoch die jüngsten Ereignisse in China zeigen, ist der diesbezüglich vor allem im Westen herrschenden Euphorie mit Zurückhaltung und Vorsicht zu begegnen. Es ist kaum anzunehmen, dass eine seit vielen Jahrzehnten etablierte Nomenklatura ihre Machtherrschaft und Privilegien plötzlich in Frage stellen lässt.

Mit politischer Regression zu alten Strukturen und Verhaltensmustern muss gerechnet werden. Im Zusammenhang mit der «Triade» sind auch die beiden folgenden Visionen von besonderer Bedeutung:

– *Die Vision der «Japan Inc.»,* also der Nation Japan als einziger Grossfirma auf den Weltmärkten mit entsprechender interner Koordination von Wirtschaft, Staat und Politik war ein wesentlicher Faktor für den enormen wirtschaftlichen Aufschwung dieses Landes nach dem Zweiten Weltkrieg. Diese Vision ist jedoch längst von einer Vision des «Global Japan» abgelöst worden, deren rasante Umsetzung wir alle mitzuerleben im Begriffe sind und die uns zweifellos noch sehr beschäftigen wird.

– *Die Vision vom geeinigten Europa* ist stärker als alles, was Bürokratien je bewirken könnten. Die wirtschaftliche Vereinigung und Koordination Europas wird vor allem deshalb so wirksam vorangetrieben, weil sie von gemeinsamen Interessen einer an sehr ähnlichen Wertmassstäben orientierten «Business-Community» vor allem auch visionär getragen wird.

Die durch diese Vision katalysierte Eigendynamik ist enorm und verleiht bereits bestehenden konvergierenden Prozessen immer wieder neue Energie.

– *Und die Vision der Schweiz?*

In diesem Zusammenhang kann man sich echt die Frage stellen, ob die

Schweiz heute noch eine ganzheitliche Vision an sich von ihrer Zukunft als Nation besitzt. Die Probleme mit der Organisation unserer 700-Jahr-Feier scheinen mir eines von vielen Symptomen zu sein, die auf ein weniger enges Verhältnis zu unserer Geschichte wie auch auf eine Zersplitterung des Gefühls nationaler Einheit in der Zukunft hindeuten.

Einigkeit über eine Vision zu erreichen, dürfte angesichts des unser Land kennzeichnenden Kulturpluralismus sowieso immer inhärent problematisch sein, aber gerade unsere Führungsgeneration wird es als eine ihrer vornehmsten Aufgaben erachten müssen, eine etwas konzisere Vision von der Rolle der Schweiz in einem geeinten Europa und einer globalen Völkergemeinschaft zu entwickeln.

Wenn Politiker und Führungskräfte beginnen, ihre Funktion vor allem im Verwalten des Hergebrachten zu sehen und nicht darin, Visionen zu haben, so sollte dies zu Besorgnis Anlass geben.

Dies besonders auch, wenn man die Vielfalt von eben diskutierten Funktionen von Visionen berücksichtigt, die ja wegfallen, wenn eine Vision fehlt.

Haben uns Wohlstand, Sattheit, Freizeitgesellschaft und lange politische Stabilität bereits so träge gemacht, dass wir nicht mehr zu einer geistigen Gestaltung unserer Zukunft fähig sind? Leben wir deshalb vielleicht schon jetzt auf Kosten dieser Zukunft?

Die Ausgangslage für das Entwickeln einer tragfähigen Vision der Schweiz der Zukunft und eine durch sie geförderte gesunde Weiterentwicklung ist an sich durchaus günstig: Kulturpluralismus, Sprachenvielfalt, Weltoffenheit, noch immer relativ intakte Serviceleistungen und Informationssysteme, im internationalen Vergleich noch hohe Arbeitswilligkeit und hoher Ausbildungsstand der Bevölkerung, ein im politischen Bereich sich immer wieder bestätigender, starker «Common Sense» und eine starke globale Vernetzung sind Chancen, die es auch in Zukunft mit aller Kraft zu nutzen gilt.

Solidarität, Qualität, Tradition und Konsistenz dürfen aber nicht zur Erstarrung und Verkrustung führen. Die traditionelle Offenheit der Schweiz bei gleichzeitiger Wahrung ihrer Einzigartigkeit und Identität wird in Zukunft eine noch grössere Rolle spielen müssen.

Wir sind bereits schon viel zu stark mit unserer Umwelt verbunden, als dass wir es uns als Staat leisten könnten, Isolationismus zu betreiben.

Die Gratwanderung zwischen Bewahrung unserer nationalen Identität und einer Intensivierung der Beziehungen mit den uns umgebenden Völkern und Wirtschaftsräumen dürfte eine der wohl gewichtigsten Aufgaben der näheren Zukunft sein.

Die Schweiz hat als lebendiges Integrationsbeispiel Europa und auch der übrigen Welt viel zu bieten. Diese Chance wollen wir bewusst wahrnehmen und weiter ausbauen. Der Sinn für das Mass ist dabei eine Eigenschaft, die der Schweiz, wie schon in der Vergangenheit, auch in Zukunft nützlich sein wird. Demgegenüber haben *Visionen des Gigantismus,* des unbegrenzten Wachstums heute Hochkonjunktur.

Der Drang nach Grösse fasziniert. Er erklärt sich aus dem Drang zum Überleben, aus dem Willen zur Macht und einer im Zeichen unseres aktuellen Neoliberalismus sozialdarwinistisch anmutenden Dynamik. Dynamisches Wachstum ist in unserer Wirtschaft in der Tat eine Notwendigkeit. Grösse allein ist aber noch kein Wert an sich und auch kein Garant für Ertragsintensität und soziale Wohlfahrt. Die Begleiterscheinungen von Grösse sind allzuoft bürokratische Erstarrung, Inflexibilität, Intoleranz, Arroganz der Macht und eine Zerstörung von Werten.

– *Die damit zusammenhängende Vision vom schnellen Geld* und das entsprechende kurzfristige Optimieren hat wohl im letzten Jahrzent eine ungeheure Dynamik entfesselt, deren langfristige Auswirkungen auf die Wirtschaft aber noch ausstehen. Die Beschäftigung mit natürlichen Evolutionsprozessen und deren Dynamik mag unseren Blick dafür schärfen, dass auch in der Wirtschaft die Bäume nicht in den Himmel wachsen, dass andererseits jede Evolution nur über Phasen der Instabilität und Umstrukturierung geschehen kann und dass jedes lebende System die Ursachen für seinen Untergang letztlich selbst gebiert.

In unserer Zeit des Neoliberalismus mag es wohl auch nach einem Börsencrash, der uns die Fragilität der Weltmärkte schlagartig bewusst werden liess, wenig populär sein, auf die unerbittlichen Gesetzmässigkeiten natürlicher Prozesse und das inhärente Mass der Dinge hinzuweisen. Ich muss jedoch gestehen, dass mich die relativ schnell nach dem 1987er Crash einsetzende kollektive Verdrängungsleistung doch einigermassen verblüfft hat.

Wie jede ins Extrem gehende Dynamik ist auch diese Vision dabei, sich selbst ad absurdum zu führen: Selbst die grössten Konglomerate der Welt sind vor einer Übernahme nicht mehr gefeit, sie werden Opfer der Geister des Gigantismus, die sie riefen. Der Satz «be careful of what you want, you might get it» gewinnt also ganz besondere Aktualität, wenn er auf Visionen angewendet wird.

Wenn etwas die freiheitlichen Wirtschaftsordnungen meines Erachtens am konsequentesten gefährdet, so sind es die neoliberal gerechtfertigten Auswüchse an Gier und Masslosigkeit, welche vielfach in einer Vernichtung langfristig geschaffener Werte enden. Selbstüberschätzung und Grössenwahn trüben die Wahrnehmung, und die Verkraftung des eigenen Erfolges ist wohl etwas vom Schwierigsten.

– Die Vision der *Welt als ganzheitliches, vernetztes System* schärfte das Bewusstsein für gegenseitige Abhängigkeit, für Interdependenzen und Systemzusammenhänge in Natur und Menschenwelt.

Sie führte v.a. zu einem vermehrten *Denken in Kreisläufen* (von Lebenszyklen in der Natur über Produktelebenszyklen und Quality Circles in der Produktion bis zum Konjunktur-Zyklus) und einer stärkeren Besinnung auf die Rückwirkungen unseres Handelns.[1]

Sie führte schliesslich auch zur heute unüberhörbar gewordenen Forderung zu *ganzheitlichem Denken und Handeln* und zur Entwicklung entsprechender Methoden.[2]

Die zu Beginn der achtziger Jahre entwickelten Visionen der Wendezeit, der «Aquarian Conspiracy» und des «New Age» haben mittlerweile in Teilaspekten sogar die Managementlehre beeinflusst.[3]

Kritiker weisen z. T. mit Recht darauf hin, dass es sich bei vielen dieser Konzepte um cleveres Marketing recht diffuser Denkansätze handelt, deren konkrete Umsetzung oft auf sich warten lässt.

In der Tat haben viele Exponenten des «New Age» durch ihren marktschreierischen Approach und ihre Oberflächlichkeit der Sache der Integration und Weiterentwicklung neuer, z. T. durchaus positiver und ernstzunehmender Konzepte einen Bärendienst erwiesen. Doch dass sich neues Denken, neue Visionen zu formieren im Begriffe sind,

[1] Vgl. Vester, F. (Neuland)
[2] Vgl. Ulrich, H., Probst, G. J. B. (Anleitung)
[3] Vgl. Ferguson, M. (Aquarian Conspiracy), Capra, F. (Wendezeit), Gerken, G. (Der Neue Manager)

welche über eine konsequente Implementierung auch neue Chancen eröffnen, ist nicht zuletzt Thema dieses Buches. Mit seinem Sprichwort «Eng beieinander wohnen die Gedanken, doch hart im Raume stossen sich die Dinge» wies schon Friedrich Schiller auf das Spannungsfeld zwischen Vision und Realisierung hin. Eine konstruktive Umsetzung braucht Fleiss, Zähigkeit, Energie und vor allem auch Zeit.

Die Beschäftigung mit neuen Visionen führt uns aber schliesslich zur Wiedererkenntnis des *Primates des Geistigen*, und wenn sie uns alleine diesen letztlich alles durchdringenden und bewirkenden Aspekt unserer dynamischen Realität wieder stärker bewusst werden lässt, so ist meines Erachtens für die Bewältigung unserer Zukunft viel gewonnen.

Literaturverzeichnis

Boulding, K. E. (Ecodynamics). «Ecodynamics. A new Theory of Social Evolution», Sage Publications, Beverly Hills, London 1978

Capra, F. (Turning Point) «The Turning Point. Science, Society and the rising Culture», Bantam Books, New York 1982

Dostojewski, F. M. (Karamasow), «Die Brüder Karamasow», Fischer 1976

Ferguson, M. (Aquarian Conspiracy), «The Aquarian Conspiracy: Personal and Social Transformation in the 1980's», J. P. Tarcher, In., Los Angeles

Fuller, B. (Operating Manual), «Operating Manual for Spaceship Earth», Dutton, New York

Gerken, G. (Der Neue Manager) «Der Neue Manager», Rudolf Haufe Verlag, Freiburg i. Br. 1986

Jantsch, E. (Selbstorganisation), «Die Selbstorganisation des Universums. Vom Urknall bis zum menschlichen Geist», Carl Hanser Verlag, München, Wien 1979

Koestler, A. (Janus), «Janus. A summing up», Vintage Books New York 1979

Kuhn, T. S. (Revolution), «Die Struktur wissenschaftlicher Revolution», Suhrkamp, Frankfurt a. M. 1976

Milgram, S. (Obedience to Authority), «Obedience to Authority», New York 1974

Sprüngli, R. K. (Evolution und Management), «Evolution und Management. Ansätze zu einer evolutionistischen Betrachtung sozialer Systeme». Paul Haupt Verlag, Bern und Stuttgart 1981

Ulrich, H., Probst, G. J. B. (Anleitung), «Anleitung zum ganzheitlichen Denken und Handeln». Paul Haupt Verlag, Bern und Stuttgart 1988

Vester, F., (Neuland) «Neuland des Denkens. Vom technokratischen zum kybernetischen Zeitalter». Deutsche Verlags-Anstalt, Stuttgart 1980

Wallace, A. F. C., «Revitalisation Movements», American Anthropologist, 58: S. 264-81

Moritz Suter

Wachstum durch Ersparnis statt Konsum

Schon das Verb «ersparen» birgt einen Doppelsinn: Ich erspare und meine damit, dass ich Geld zurücklege, Ersparnisse äufne. Oder ich kann mir oder einem anderen etwas ersparen, das heisst, ich unterlasse etwas, ich tue etwas nicht. Wenn ich hier aber von Ersparnis rede, so bediene ich mich dieses Wortes in dem Sinne, wie es im Brockhaus-Bildwörterbuch umschrieben ist: Ersparnis – in der Einzahl – ist gleichbedeutend mit «Minderverbrauch, Minderausgabe, Energieersparnis». Soviel zu diesem Wort in meiner Titelüberschrift. Und ich möchte gleich vorwegnehmen: Der Widerspruch, der im Titel enthalten ist, beruht nicht etwa auf einem Irrtum oder einem Denkfehler, im Gegenteil, es ist gerade dieser Widerspruch, der mich dazu bewogen hat, dieses Thema zu wählen. Eine grosse Mehrheit der Bevölkerung benützt heute das Auto, sei dies bei der Arbeit oder zum Vergnügen, ohne jedoch auch die dadurch verursachten negativen Auswirkungen zu akzeptieren, wie zum Beispiel die Autobahn usw. Wir alle konsumieren jeden Tag elektrischen Strom, aber die wenigsten machen sich Gedanken, woher er kommt. Das gesunde Sachverständnis sowie einige natürliche Instinkte des Menschen gehen langsam, aber sicher verloren, und das weitsichtige Verständnis für lebenswichtige Zusammenhänge wird heute in zunehmendem Masse durch egoistisches Denken verdrängt. Diese Entwicklung, für die ein langjähriger breiter Wohlstand mit verantwortlich ist, sollte uns nachdenklich stimmen.

Wachstum durch Ersparnis statt Konsum – man mache sich keine Illusionen – gibt es nicht. Natürlich gibt es für jedes wirtschaftliche Bedürfnis immer wieder andere Lösungen, die weniger Kosten verursachen, die für ihren Preis mehr oder Besseres bieten. Und darin liegt auch immer wieder die Möglichkeit zur Ersparnis. Aber gerade dieses Sparen, die Einsparung von Kosten, das rationellere Wirtschaften also, dient letztlich stets demselben Zweck: dem besseren Wirtschaften, dem wirtschaftlichen Erfolg, und der ist gleichbedeutend mit wachsendem Erfolg.

Es gehe fortan nicht mehr so sehr um quantitatives Wachstum wie um qualitatives, hören wir seit einigen Jahren, und eine vom Bundesrat eingesetzte Kommission hat dazu 1983 interessante Vorschläge publiziert. Mehr Musse, weniger Lärm, ein dichteres Angebot öffentlicher Verkehrsmittel, bessere Luft, sauberes Wasser – das alles ergibt mehr Lebensqualität, und das sei qualitatives Wachstum, nicht quantitatives, lasen wir damals. Das alles hat viel für sich. Es ist in der Tat nicht einzusehen, weshalb ein ganz bestimmtes Potential an Flugpassagieren zwischen zwei Städten mit einem zirka 60 Tonnen schweren Düsenflugzeug befördert wird, obwohl dessen Einsatz vom Marktaufkommen nicht gerechtfertigt ist, wenn ein leichteres Turbopropflugzeug von zirka 14 Tonnen, konstruiert nach modernsten Erkenntnissen im Flugzeugbau, nicht nur wegen des Gewichts, sondern auch dank seiner treibstoffsparenden Triebwerke dem Marktaufkommen besser entspräche.

Aber dieses sogenannte qualitative Wachstum ist ebenfalls Wachstum, denn das leichtere Flugzeug bietet – im Vergleich zum x-mal schwereren Flugzeug – einen durchaus akzeptablen Komfort, doch es musste zuerst entwickelt werden, und dies geschah erst, als danach verlangt wurde. Die verschiedenen Ölkrisen seit 1973 haben das Gefüge der Preise und damit die wirtschaftlichen Prioritäten verschoben, und damit erst wurde das Bauen von treibstoffsparenden Flugzeugen wirtschaftlich interessant. Und aus diesem vom Ölpreis in Gang gesetzten Innovationsschub resultierten Flugzeugtypen, die den Flug nach den Kanarischen Inseln zum Beispiel auch für kleinere Portemonnaies ermöglichen. In Teneriffa führt dieser Touristenstrom zu einer Art von Wachstum, die wir hier als quantitativ bezeichnen, aber für den Mitteleuropäer, der sich damit – anders als vor zehn Jahren – Winterferien in der Sonne leisten kann, ist damit viel Lebensqualität verbunden. Die sonnigen Ferien sind für ihn qualitatives Wachstum. Wenn wir im Interesse unserer Lebensqualität auch im Hochsommer tiefe Ozonwerte haben wollen, so setzt das eine Vielzahl von technischen Ausrüstungen voraus, wie etwa Pendelleitungen an allen Tankstellen, Abluft-Filter bei den chemischen Reinigungen und anderes mehr. Aber das qualitative Wachstum, das man derartigen Einrichtungen verdankt, muss erwirtschaftet werden. Irgend jemand wird für den komplizierteren Benzinumschlag und für den teureren Reinigungsbetrieb zur Kasse gebeten. Man mache sich keine Illusionen – auch sogenanntes qualitatives Wachstum ist wirtschaftliches Wachstum.

Wirtschaften im System der Marktwirtschaft heisst, Bedürfnisse erfüllen, einen Bedarf entgeltlich decken. Die Bedürfnisse wandeln sich, wir kaufen heute nicht mehr Ablässe wie zur Zeit Luthers, sondern zum Beispiel Lebensversicherungen, und wir trinken zum Frühstück nicht mehr warmes Bier wie zur Zeit der Königin Elisabeth I., sondern Kaffee. Der unterschiedliche Geschmack, technische Erfindungen, Entdeckungen und Ergebnisse der Forschung sorgen dafür, dass die Bedürfnisse, die Prioritäten sich stets ändern, aber es kann keine Rede davon sein, dass die Bedürfnisse verschwänden. Es gibt viel wirtschaftliches Auf und Ab, und was man sich leisten kann, geht zuweilen nicht aufwärts, sondern zurück. Wirtschaftlicher Fortschritt ist also keineswegs selbstverständlich, und Wachstum fällt nicht automatisch und auch nicht immer an. Aber der allererste wirtschaftliche Motor ist der Bedarf, der Wunsch, ein Bedürfnis zu stillen. Freiwilliger Verzicht, also ersatzloser Verzicht, der etwas ganz anderes ist als die Verlagerung der Prioritäten, dieser Verzicht ist als Motor des Wachstums nicht zu brauchen. Und in der westlichen Welt hält man in der Regel vergeblich nach diesem Verzicht Ausschau; er macht sich, wie wir alle wissen, äusserst selten bemerkbar.

Das alles sind Binsenwahrheiten. Aber merkwürdigerweise ist uns das simple Bewusstsein, dass wir alle unaufhörlich Bedürfnisse haben, die sich nur auf entgeltliche Weise stillen lassen, und dass wir das auch unaufhörlich tun, dieses Bewusstsein ist uns in jüngerer Zeit abhanden gekommen. Das wäre nicht weiter schlimm, wenn nicht gleichzeitig die Vorstellung herumgeisterte, es habe nichts mit Wirtschaft zu tun, wenn wir unsere Bedürfnisse decken. Die wachsende Vorliebe für den öffentlichen Verkehr zum Beispiel ist gleichbedeutend mit veränderten Prioritäten, aber einen Verzicht auf entgeltliche Leistungen bedeutet diese Vorliebe nicht. Der öffentliche Verkehr muss finanziert werden, teils durch Tarife, teils aus anderen Quellen, und diese anderen Quellen werden zumeist aus öffentlichem Geld gespeist, also aus Staatskassen aller Art. Und die Staatskassen werden zu einem guten Teil aus Steuern gespeist, und die Steuern können nur dann erhoben werden, wenn es etwas zu besteuern gibt. Siehe oben – die Bedürfnisse wandeln sich, die Vorstellungen von Qualität, die Prioritäten wandeln sich, aber das alles spielt sich nicht ausserhalb der wirtschaftlichen Kreisläufe ab, sondern mittendrin. Wenn wir von der öffentlichen Hand immer mehr verlangen, müssen wir ihr mehr Mittel geben. Wenn wir immer mehr Lebensqualität und Wohlstand für alle wollen, geht das nicht ohne Wachstum, auch wenn ein Teil der Lebensqualität von der öffentlichen Hand hergestellt wird. Wer die Milchkuh mehr melken will, muss auch dafür sorgen, dass sie mehr Gras zu fressen bekommt.

Wenn es immer öfter die öffentliche Hand ist, die mit Dienstleistungen aller Art unsere Bedürfnisse deckt, entfernen wir uns zwangsläufig vom marktwirtschaftlichen System, und ich glaube nicht, dass das gut ist. Die Erfahrung lehrt, dass Private besser als die öffentliche Hand geeignet sind, entgeltliche Leistungen zu erbringen, und dass sie dabei erst noch effizienter arbeiten. Deshalb bin ich ein Befürworter der Privatisierungen, zum Beispiel der Privatisierung der Bahnen.

Öffentliche Leistungen werden oft nicht bar – over the counter – bezahlt, sondern über die Steuern. Möglicherweise ruft das in vielen Köpfen die Vorstellung hervor, die nicht bar bezahlten Dinge seien unentgeltlich, sie kämen ausserhalb der Wirtschaft zustande. Das ist ein glatter Irrtum.

Vielleicht tragen auch unsere neuzeitlichen Gewohnheiten, bargeldlos – mit Kreditkarten aller Art – die alltäglichen Ausgaben zu bestreiten, zur Ansicht bei, Geld sei etwas, von dem man sich distanzieren könne, wir seien über so etwas Gewöhnliches wie Geld erhaben. Aber was auch immer die Gründe dafür sind, dass wir mehr oder weniger deutlich die Entgeltlichkeit zu vergessen suchen: Es wäre blanke Illusion zu meinen, wir könnten uns aus der Welt der Entgeltlichkeit wegstehlen.

In dieser Haltung, im Verdrängen der Entgeltlichkeit, steckt auch, wie vielleicht in allen Illusionen, eine Gefahr: Wenn aus der Neigung, wirtschaftliche Vorgänge nicht sehen zu wollen, die Neigung würde, wirtschaftliche Vorgänge überhaupt zu vermeiden, könnte das nur eine Folge haben: wirtschaftlichen Rückschritt. Etwas pointiert gesagt: Wenn die Verachtung von Dingen, die als entbehrliche Luxusgüter eingestuft werden, zum Verzicht auf diese entbehrlichen Dinge führt, so hätte dies die Folge, dass der Hersteller des Luxusgutes nichts mehr verkauft. Betroffen von diesem Verzicht wären somit auch alle Menschen, die mit der Herstellung von Luxusgütern beschäftigt sind.

Oder noch pointierter gesagt: Von der Verachtung des Konsums führt ein direkter Weg zum Verdienstausfall, und was dem Zivilisationskritiker entbehrlich erscheint, ist für den Hersteller ganz und gar unentbehrlich.

Zivilisationskritik muss sein, gewiss, und auch Kritik an unserer Art zu wirtschaften muss natürlich stets formuliert und ausgesprochen werden können. Aber wo die Kritik dazu neigt, Wirtschaft überhaupt für entbehrlich zu halten oder sie aus ideologischen Hintergründen zu diskriminieren, da bewegt sich eine solche Kritik gleichsam auf dem Holzweg. Es ist da nicht nur Intoleranz dabei, sondern auch eine ungute Besserwisserei und vor allem Irrtum.

Die Kritik an unserer Wirtschaftsform wird mir vor allem da unheimlich, wo sie auf globale Einschränkung zielt. Es ist schon fast modisch geworden, auf die weltweite Interdependenz unzähliger Dinge hinzuweisen, und besonders oft werden wir daran erinnert, dass ökologische Vorgänge ihre weltweiten Wirkungen und Zusammenhänge haben. Natürlich gibt es diese Zusammenhänge, aber wenn daraus abgeleitet wird, es dürfte eigentlich weltweit kein wirtschaftliches Wachstum mehr geben, weil die Umwelt das nicht mehr ertrage, dann wird die Kritik unglaubwürdig. Und da platzt mir gelegentlich der Kragen, wenn irgendwelche verantwortungslosen Möchtegernpolitiker ohne Sachverstand die Bevölkerung auf demagogische Art und Weise mit Schreckgespenstern verunsichern, was letztlich doch nur zur Förderung der eigenen fragwürdigen politischen Karriere dienen soll.

Die Ernährung und Versorgung einer weltweit rasch wachsenden Bevölkerung ist nur mit wirtschaftlichem Wachstum und mit der Erforschung und Anwendung neuer Technologien möglich, nicht mit Stillstand. Ich frage mich, ob die fundamentalistischen Bewegungen, zu denen ich auch Kreise der Kirche zähle, bereit wären, die Konsequenzen aus dem Postulat nach Stillstand zu tragen. Die Probe aufs Exempel wird nie gemacht werden, denn den Stillstand, der da gefordert wird, wird es nie geben. Auch die politischen Bewegungen weit links und weit rechts, die sich gegen wirtschaftliches Wachstum verschworen haben, sind wohl kaum bereit, auf Lohnforderungen für alle Zeit zu verzichten. Die Lohnforderungen sind aber nur über Wachstum zu finanzieren.

Die zuweilen mit missionarischem Eifer vorgetragenen Modelle, die die Welt in ihrem jetzigen Entwicklungszustand festschreiben und in Eisen giessen wollen, sind nicht akzeptabel. Ein riesengrosser Teil der Menschheit ist nämlich mit dem heutigen Weltzustand ganz und gar unglücklich, und wenn nun die Europäer, Japaner und Nordamerikaner daherkommen und den Menschen in den anderen Teilen der Welt vorrechnen, noch mehr Entwicklung vertrage dieser Globus nicht, dann ist das doch wohl kaum glaubwürdig und überdies höchst ungerecht. In den anderen Teilen der Welt wünschen sich die Menschen nichts sehnlicher als etwas mehr Entwicklung und Wohlstand, und ihr Verständnis für das in den hochentwickelten Ländern vorgeschlagene Rezept, die Menge an Kuhdung und die Zahl der Automotoren dürften nun nicht mehr zunehmen, ist begreiflicherweise nahe Null. Unter dem Einfluss der europäisch-amerikanischen Medizin ist die Kindersterblichkeit durch Bevölkerungsexplosion ersetzt worden, und das hat zur Auflösung unzähliger tradierter sozialer Systeme geführt, was die Zunahme der Bevölkerung weiter stimuliert ... und nun rechnen einige Unverbesserliche der hochentwickelten Welt den Menschen in den armen Ländern vor, nur Nullwachstum sei akzeptabel. In diesem Ansinnen an die zahlreichen schlecht ernährten, in übervölkerten Städten schlecht behausten Zeitgenossen – der sogenannten Dritten Welt – steckt Hochmut, wie er auch in religiösem Fundamentalismus auftaucht, der Hochmut des Besserwissers, der den anderen vorschreibt, womit sie glücklich zu sein haben.

Ebenso wie wir in unserem Alltag auf Toleranz angewiesen sind, sollten wir tolerant sein gegenüber dem Willen unzähliger Erdenbewohner, mehr Wohlstand zu erringen, die Mobilität, wie sie bei uns gang und gäbe ist, zu geniessen, auch wenn das mit Automotoren und Abgasen verbunden ist, mehr Güter zu konsumieren, auch wenn das die Oberfläche der Welt weiter verändert.

Wenn wir das zu verhindern suchen, stellen wir uns in eine Reihe mit den verhängnisvollen Missionseiferern früherer Jahrhunderte, die uns heute überaus fragwürdig erscheinen. Es war zwar höchste Zeit dafür, dass das Tempo der Bevölkerungszunahme auf der Traktandenliste der Vereinten Nationen auftaucht. Welche Haltung allerdings die Kirchen und der Vatikan zu diesem Traktandum einnehmen werden, ist eine offene Frage. Aber es geht nicht an, dass wir globale Rezepte entwerfen, die einen Verzicht auf wirtschaftliches Wachstum voraussetzen.

Beatrice Werhahn-Locher

Sensibilität contra Macht

An der Hand meines Vaters

Wenn ich auch noch zur jüngeren Generation des schweizerischen Managements gehöre, so habe ich die rasante Entwicklung der letzten Jahrzehnte doch aus nächster Nähe miterlebt. Der Betrieb, den ich als Mädchen an der Hand meines Vaters kennenlernte, hat seither den Sprung in ganz neue Grössenordnungen geschafft. Ich erinnere mich genau, wie mein Vater seine Führungsaufgabe erfüllte. Er kümmerte sich jeden Tag persönlich um eine ungeheure Vielzahl von einzelnen Problemen und Fragestellungen. Mich beeindruckten die Unermüdlichkeit und die Sorgfalt, mit der er gewissermassen jeden Mitarbeiter einzeln begleitete. Ich habe auf diesen Rundgängen im Betrieb ungemein viel gelernt. Mit meinem Vater verband mich bis zu seinem Tod im Februar 1988 eine tiefe Freundschaft, eine enge, nie getrübte Beziehung. Aber gerade weil ich das Unternehmen fast mit seinen Augen – den Augen eines hervorragenden Unternehmers der alten Schule – sehen gelernt habe, wird mir besonders deutlich, wie andersartig die Führungsaufgaben sind, die sich heute stellen.

Distanziert und doch persönlich haftbar

Die Stahlhandelsfirma Adolf Locher AG zählt heute rund 500, die Raichle Gruppe 600 Mitarbeiter. Als Präsidentin kann ich den Überblick über Betriebe dieser Grösse nur halten, wenn ich aus einer gewissen Distanz operiere. Natürlich greife ich punktuell ein, wo es mir nötig erscheint, aber danach muss es mir sogleich wieder um den grösseren Zusammenhang zu tun sein, in den das jeweilige Detail eingebettet ist.

Manchmal fühle ich mich im Verlauf einer Sitzung beinahe wie eine externe Beraterin. Das Gespräch zieht die Teilnehmer in seinen Bann;

jeder denkt und argumentiert im Hinblick auf die besonderen Aufgaben, die in seinem Verantwortungsbereich liegen. Meine Aufgabe sehe ich dann darin, zunächst zuzuhören, das Gespräch aufmerksam zu verfolgen und so herauszuspüren, wo Einzelfragen gemessen am Ganzen falsch gewichtet werden.

Meine wichtigste Funktion aber liegt im personellen Bereich. Als Managerin muss ich in erster Linie das persönliche Profil, die Menschenkenntnis und die Kommunikationsfähigkeit besitzen, um ein reibungslos funktionierendes Führungsteam zusammenzustellen. Nur in enger Zusammenarbeit mit selbständig denkenden, verantwortungsbewussten Kaderleuten kann ich es mir leisten, den Betrieb aus der gebotenen Distanz zu führen und nur selektiv einzugreifen. Denn was den Führungsstil der Distanznahme und des Überblicks so riskant macht, ist die Tatsache, dass ich – ob ich anwesend bin oder nicht – für jede Fehlleistung und jeden Unfall im Betrieb persönlich verantwortlich bin.

Je grösser die Firma und je komplexer die technologischen Mittel sind, die in der Produktion zum Einsatz kommen, desto grösser wird auch die Verantwortung. Angesichts dieser Situation braucht es in erster Linie Mut, sich immer wieder um des Überblicks willen von Detailproblemen zu entlasten. Wenn ich mich aber nicht auf ein ausgezeichnetes Führungsteam verlassen kann, das als feinmaschiges Kommunikationsnetz zwischen der Basis und mir vermittelt, so verkommt dieser Mut zum blossen Leichtsinn.

Kommunikation: innen und aussen

Auch der Fluss der Informationen über die Grenzen des Betriebes hinweg ist in unseren Unternehmungen Chefsache. Ich muss die wachsende Vielfalt gesetzlicher Rahmenbedingungen kennen, denen unsere Projekte entsprechen müssen. Auch diese Notwendigkeit engster Kommunikation mit staatlichen Stellen macht ja einen wesentlichen, neuen Bereich im Arbeitsfeld des Managers aus. Für meinen Vater bestand noch ein grundsätzlicher, markanter Unterschied zwischen Angestellten und Selbständig-Erwerbenden. Und dieser Unterschied zeigte sich eben vor allem im Mass an Unabhängigkeit von äusseren, betriebsfremden Bestimmungen, welches die Freiheit des Unternehmers ausmachte. Heute entscheidet eher der mehr oder weniger gekonnte Umgang mit solchen äusseren Bedingungen über den unternehmerischen Erfolg. Freiheit und Selbständigkeit im Sinne meines Vaters sind zur Utopie geworden.

Und nicht nur im Austausch mit den staatlichen Stellen werden heute an unsere Kommunikationsfähigkeit ganz neue Anforderungen gestellt. Ich erinnere mich an die Zeit, als der Stahlhändler wie ein König auf die Reise ging. Die Kunden rissen ihm seine Produkte aus der Hand. Heute will jeder Markt bearbeitet sein. Märkte, die nicht durch Beziehungen und persönliche Kommunikation vorbereitet sind, verschliessen sich auch dem Produkt. Wenn ich mich dafür ausspreche, dass der Topmanager sich um die Kommunikation zwischen Betrieb und Aussenwelt kümmern soll, so heisst das eben, dass er das Produkt zum Kunden begleiten muss.

Im Stahlhandel ist diese Aufgabe vielleicht nicht so augenfällig, weil es sich um ein diskretes Geschäft handelt. In den Vordergrund tritt hingegen die Anforderung an die Kommunikationsfähigkeit des Managers bei Raichle. Der Ski- und Sportschuhmarkt lebt in hohem Masse von der Medienpräsenz und vom öffentlichen Auftritt der Produzenten.

Ich betreue daher den Bereich des Executive Management besonders intensiv. Es spielt eine ganz wesentliche Rolle, ob ich meinen Servicemann zum Weltcuprennen begleite oder nicht, ob ich die Sportler, die unseren Schuh fahren, persönlich kenne, ob ich die Presse selbst informiere und so weiter. Seit meinem Eintritt in die Firmenleitung hat dieser Einsatz bereits deutliche Spuren hinterlassen. Mein persönliches Engagement hat neue Akzente gesetzt. Wir sind in ein wesentlich engmaschigeres Kommunikationsnetz eingebunden als noch vor wenigen Monaten.

Angesichts der zunehmenden Internationalisierung unseres Geschäfts ist zwar das Informationsmanagement zu einem ungemein aufwendigen Arbeitsbereich angewachsen. Trotzdem hat es sich bereits gezeigt, dass sich hier mein persönlicher Einsatz in besonderem Masse lohnt. Als wir im Februar 1989 einen Produktionsbetrieb schliessen mussten, um international konkurrenzfähig zu bleiben, wurden in der Presse kaum kritische Stimmen laut. Unsere Communiqués wurden landesweit sehr nahe am Wortlaut abgedruckt. Das kann nur gelingen, wenn sie mit dem nötigen Feingefühl auf die Bedürfnisse der Journalisten zugeschnitten sind. Und Worte genügen natürlich in einer solch schwierigen Situation nicht. Wir haben die 30 Mitarbeiter des Betriebs persönlich begleitet, haben ihre Einsatzmöglichkeiten unter die Lupe genommen und einen Sozialplan ausgearbeitet. Schliesslich kamen wir mit einem Unternehmer ins Gespräch, dessen Firma ganz in der Nähe der geschlossenen Produktionsstätte lag. Er war auf der Suche nach 40 Mitarbeitern mit ähnlichem Anforderungsprofil und erklärte sich bereit, der gesamten Belegschaft, die bei uns ihren Arbeitsplatz verloren hatte, eine Stelle anzubieten. Nimmt man sich der anstehenden Aufgaben mit dem gebotenen Ernst an, so kann selbst eine heikle Rationalisierungsmassnahme in den Medien und der breiteren Öffentlichkeit auf ein positives Echo stossen.

Eine besondere Sensibilität ist erforderlich, wenn es darum geht, die Informationspakete etwa für eine Pressekonferenz zu schnüren. Nachdem bei den Ski-Weltmeisterschaften in Vail drei Sportler mit Raichle-Schuhen Weltmeistertitel errungen hatten, meldete sich natürlich sogleich das Bedürfnis, die Medien über diesen Erfolg zu informieren. Aber man kann sich nicht hinsetzen und den Journalisten mitteilen: Hurra, wir haben gewonnen. Das genügt nicht. Durch die grossen Erfolge unserer Fahrer bot sich die Gelegenheit, über eine Pressekonferenz diese Informationen einem breiteren Publikum mitzuteilen. Erst erschien eine erfolgreiche Planung in der verfügbaren Zeit als ein Ding der Unmöglichkeit. Aber dann hat es das Raichle Team in hervorragender Zusammenarbeit möglich gemacht – wohl nicht zuletzt deshalb, weil ich selbst als verantwortliche Leiterin unserer gesamten Informationspolitik auch meinerseits keinen Aufwand gescheut habe, um das richtig zusammengestellte Informationspaket rechtzeitig präsentieren zu können.

Technik in modischen Variationen

Unser Produkt wird auf dem Markt stets nach zwei ganz verschiedenen Kriterien beurteilt: Der moderne Skischuh ist einerseits ein technisches Gerät. Ausschlaggebend ist, wie gut er am Fuss sitzt. Aber auch die ausgereifteste Konstruktion erobert den Markt aufgrund ihrer technischen Eigenschaften noch nicht, denn der Skischuh ist zugleich ein Modeartikel. Auf ein Jahr hinaus müssen wir die Farben treffen, die in der jeweiligen Saison «in» sein werden. Wiederum helfen uns gute Beziehungen zu anderen Produzenten – namentlich in der Skibekleidungsbranche –, diese schwierige Aufgabe zu lösen. Auch Berater, die selbst ein Stück weit die Rolle des Trendsetters spielen, beziehen wir so weit als möglich in den Evaluationsprozess mit ein. Letztlich kann mir aber niemand die Entscheidung abnehmen. Ich bin einmal mehr auf mein Fingerspitzengefühl, meine Sensibilität angewiesen, und je feinmaschiger das Beziehungsnetz ist, das mich mit meiner Umwelt verbindet, desto besser fühle ich ihren Puls, desto sicherer spüre ich, was in der Luft liegt.

Männlicher und weiblicher Führungsstil

Sogleich nach der Übernahme der Gruppenleitung bei Raichle habe ich die Arbeits- und Kompetenzbereiche im Management von Raichle neu umrissen. Ich habe eine Reihe neuer Funktionen geschaffen, damit die Führungsaufgaben breiter und fundierter verteilt werden, mit dem Zweck, dass mir für die Geschäftsleitung mehr Zeit und bessere Unterlagen zur Verfügung stehen. Hegemoniale Führungsansprüche erleichtern es dem Manager, ganz in seiner Funktion aufzugehen und als Person gewissermassen hinter der Machtposition zu verschwinden. Das ist wohl ein spezifisch männlicher Zug – dieser Hang zum Einzelkämpfertum in möglichst mächtigen Rollen. Der Managerin liegt das fern, einmal, weil sie gezwungen ist, ihre Tätigkeits- und Zuständigkeitsbereiche so einzuschränken, dass jeder Arbeitsschritt den Anforderungen höchster Seriosität standhält. Man mag es wahrhaben wollen oder nicht: Frauen in Führungspositionen sind einer wesentlich härteren Kritik ausgesetzt als Männer.

Sehr auffallend ist, dass männliche Gesprächspartner immer wieder darauf aus sind, das Verhalten einer Frau möglichst schnell zu analysieren. Viel mehr als bei männlichen Kollegen kommt in Verhandlungen mit Frauen der Versuch ins Spiel, Äusserungen und Strategien auf psychische Beweggründe hin zu durchleuchten. Man möchte die Lage durchschauen, das Gegenüber auf die Formel «typisch Frau» bringen, um sich nicht im einzelnen mit einem vielleicht abweichenden Geschäftsgebaren auseinandersetzen zu müssen. Auch solche Versuche der Verhaltensanalyse amüsieren mich, und ich lasse mich nicht in die Defensive drängen. Ich fasse meine Arbeit als völlig normale Aufgabe auf und versuche keineswegs, meinen weiblichen Charme zu verleugnen, im Gegenteil.

Im übrigen verstehe ich die besonderen Anforderungen, die an mich als Managerin in einer noch vorwiegend männlichen Geschäftswelt gestellt sind, als Herausforderung. Meine Selbstkritik muss eben immer einen Schritt weiter gehen als die Kritik, die sich in meiner Umwelt regen könnte. Ich kann hier in der Schweiz kaum einen Schritt tun, ohne beobachtet zu werden. Wenn ich abends nach Zürich fahre, um mit jemandem zu essen, muss ich damit rechnen, dass tags darauf meine Umwelt weiss, wo ich mich mit wem besprochen habe – und welches Kleid ich trug. Das kommt ja noch hinzu: Auch was die äussere Erscheinung betrifft, wird von Frauen selbstverständlich erwartet, dass sie einen wesentlich grösseren Aufwand betreiben als ihre männlichen Kollegen. Natürlich wäre es sinnlos, gegen diese Unterschiede in der Behandlung von Managern und Managerinnen zu rebellieren. Im Gegenteil, es macht ja auch Spass, sich modisch zu kleiden. Es bleibt nur eine Möglichkeit: Ich muss höchste Anforderungen an mich selber stellen, um der kritischen Beobachtung durch Geschäftspartner, Medien und Öffentlichkeit standhalten zu können. Das aber setzt wiederum voraus, dass ich den eigenen Führungsstil als Ausdruck meiner Persönlichkeit kompromisslos verfolge. Nur unter dieser Bedingung fühle ich mich sicher und kann meine Stärken zum Tragen bringen.

Frauen geniessen weniger Narrenfreiheit als Männer, aber sie können im Bereich der Öffentlichkeitsarbeit auch auf eine Reihe von Vorteilen zählen: International bildet die Managerin noch immer die Ausnahme. Allein durch die Tatsache, dass ich als Frau ein Unternehmen leite, gewinnen wir eine gewisse Extra-Publicity. Dies fiel mir jüngst anlässlich einer Pressekonferenz in Japan auf. Nicht zuletzt als die Schweizer Firma, die von einer Frau geleitet wird, wird Raichle schneller bekannt.

Mein Stil – auf einen Nenner gebracht – ist der Stil des persönlichen Kontaktes. Ich glaube an die Zukunft des «Management by Encounter». Vor kurzem sagte mir ein Geschäftsfreund, dass er grundsätzlich zu keinem Geschäftsessen gehe. Darin zeigt sich die männliche Neigung, möglichst als Inhaber einer Machtposition statt als Mensch aus Fleisch und Blut zu handeln. Dabei haben wir es hier wohl nicht nur mit Unterschieden zwischen männlichem und weiblichem Führungsstil zu tun, sondern auch mit älteren und jüngeren Trends. Betriebe, in denen die wichtigen Entscheide autoritär gefällt werden, ohne dass die Betroffenen im Gespräch ihren Beitrag leisten können, passen schlecht ins Informationszeitalter. Gegenüber Behörden und Pressevertretern, Mitarbeitern, Lieferanten und Kunden gilt es jeden Tag, die individuell angepassten Lösungen und Kontakte zu finden. Das Schema des autoritären Diktates ist ausser Kurs. Und wiederum lässt sich das jeweils richtige Vorgehen nur mit Hilfe der nötigen Sensibilität ermitteln. Das ist auch eine Absage an Managementmethoden und -lehrgänge. Immer mehr treten für mich persönliche Faktoren in den Vordergrund. Mehr als meine Ausbildung entscheidet meine Person, das Profil meiner persönlichen Eigenschaften und Fähigkeiten, über den Gang der Dinge in unseren Unternehmen. Gewiss – manche Anlage lässt sich durch Schulung entwickeln und entfalten. Aber das Wichtigste – die Sensibilität – lässt sich nicht lernen.

Nur in vielen Begegnungen mit Mitarbeitern, Geschäftspartnern und Vertretern der Öffentlichkeit kann man ein sicheres Gefühl für die jeweilige Lage entwickeln. Da sehe ich keinerlei Möglichkeiten, fehlende Sensibilität durch angelernte Rezepte wettzumachen. Vielleicht kann sich am ehesten der Umgang mit Kunstwerken im Sinne einer Schule der Sensibilität auswirken. Im übrigen ist Sensibilisierung eine Folge der persönlichen Nähe, die es in jeder Situation neu zu wagen gilt.

Weniger Fluktuation

Besonders wichtig scheint mir gegenüber den Mitarbeitern, dass ich von Stunde zu Stunde spüre, was not tut, wie Prioritäten zu setzen sind und welche Themen auf den Tisch müssen. Es kommt vor, dass ich mir, zwischen zwei Sitzungen, Zeit nehme für ein Mitarbeitergespräch. Jedermann im Betrieb muss wissen, dass ich als zuverlässige Gesprächspartnerin auch für persönliche Anliegen kurzfristig verfügbar bin. Nur so kann ich glaubhaft machen, dass mich Fragen der Lebensqualität am Arbeitsplatz wirklich interessieren. Auch darin scheint sich mir ein wichtiger, zukunftsweisender Trend abzuzeichnen:

Früher, zur Zeit meines Vaters, genügte es vollauf, wenn der Manager in seinem Unternehmen Präsenz bekundete. Die Mitarbeiter wollten den Patron dann und wann sehen – das genügte. Sprach der

Chef darüber hinaus einen seiner Angestellten an, so war das immer schon ein Ereignis, das sich motivierend auswirkte.
Anders heute:
Die Hierarchie tritt in den Hintergrund – der Mensch ist gefragt, der die Führungsrolle wohl übernehmen kann, aber ohne sich hinter ihr zu verstecken. Und wenn der Chef im Betrieb auftritt, so werden spezifische Aktivitäten erwartet. Kommt es zum Gespräch, so zählen in erster Linie die Inhalte des Austauschs, der Ton, die vielen kleinen Zeichen, die dem Mitarbeiter sagen, ob es sich um eine Begegnung oder um eine Pflichtübung – vielleicht sogar um einen Kontrollgang handelt.

Der Erfolg solcher Bemühungen zeichnet sich sehr schnell ab. Dank sensiblem Vorgehen, Offenheit für die Bedürfnisse anderer und Bereitschaft zur Begegnung konnte ich schon in der Phase der Umstrukturierung gleich nach meinem Eintritt in die Geschäftsleitung verhindern, dass sich die Mitarbeiter verunsichert fühlten. Obwohl die Personalfluktuation in der Sportartikel-Branche sonst sehr gross ist, verliess uns infolge des Wechsels an der Spitze kein einziger Mitarbeiter. Ein bisschen hat mich das damals – als Newcomer – selbst erstaunt.

Autorenverzeichnis

Fides Baldesberger
Präsidentin des Verwaltungsrates und Geschäftsführerin der Outils Rubis SA, Stabio

Fides Baldesberger wurde am 18. September 1953 in Zürich geboren. Nach der Matura studierte sie in Genf Kunstgeschichte, Archäologie und englische Literatur. Nach dem Lizenziat spezialisierte sie sich als Gemmologin. 1984 entschloss sie sich, nachdem ihr Vater plötzlich verstorben war, die Firma Outils Rubis SA zu übernehmen. Nach einigen Anfangsproblemen zeichneten sich bald schon bedeutende Erfolge ab. Heute versteht es Fides Baldesberger, ihre künstlerischen Neigungen mit den Erfordernissen der industriellen Produktion kreativ zu verbinden.

Dr. Thomas W. Bechtler
Vizepräsident und Delegierter des Verwaltungsrates der Hesta AG, Zug

Thomas W. Bechtler wurde am 26. Juni 1949 in Zürich geboren und besuchte das Freie Gymnasium in Zürich. Nach juristischen Studien an den Universitäten Zürich und Genf schloss er in Zürich als Doktor beider Rechte ab. Ebenso studierte er in Harvard, wo er als Master of Law promovierte. Seine berufliche Laufbahn absolvierte er bei der Luwa AG in Zürich. Seit 1982 amtet er als Vizepräsident und Delegierter des Verwaltungsrates der Hesta AG. Seine nebenberuflichen Interessen gelten der bildenden Kunst. Er ist Präsident der Zürcher Kunstgesellschaft. Daneben beschäftigt er sich in seiner Funktion als Präsident von Swisscontact mit Fragen der Entwicklungszusammenarbeit. Er ist verheiratet und hat eine Familie von fünf Kindern.

Peter R. Bruppacher
Geschäftsführender Partner der Canmerger Group AG, Zürich

Peter R. Bruppacher wurde am 28. Oktober 1945 in Zürich geboren. Schulen in Zürich und Lausanne. Verschiedene Stages in der Schweiz, England und Italien. Darauf folgen einige Jahre Tätigkeit bei der Vendex-Gruppe in Holland (Marktforschung und Diversifikation). Anschliessend erster Kontakt zur Unternehmensberatung am Hauptsitz der Hay Management Consultant in Philadelphia, USA. Zurück in der Schweiz Tätigkeit in einer kleineren privaten Holdinggesellschaft mit Produktionsstätten und Handel in verschiedenen Ländern Europas. Beginn der Selbständigkeit und Mitaufbau der Canmerger Group AG, einer auf den Kauf und Verkauf von Unternehmen und Unternehmensteilen spezialisierten Unternehmungsberatungsfirma, deren geschäftsführender Partner er heute ist. Die Freizeit gehört vor allem seiner Familie mit zwei Töchtern sowie den verschiedensten, auch gegensätzlichen Interessen wie der Kultur der Etrusker, dem Sammeln von Gegenwartskunst, dem Geniessen der Schönheiten der Natur und mässig betriebenem Sport sowie der Freude an Autoveteranen.

Dr. Gero Büttiker
Delegierter des Verwaltungsrates der Schweizerischen Eternit Holding AG, Niederurnen

Gero Büttiker wurde am 28. August 1946 geboren. Nach der Matura und dem Diplom als Bauingenieur an der ETH Zürich arbeitete er als Ingenieur im Tiefbauamt des Kantons Zürich, bevor er sich dem Ökonomiestudium widmete. Dieses schloss er 1974 mit einer Dissertation über innerbetriebliches Förderwesen ab. 1975 trat er in die Eternit AG Niederurnen ein. Seit Oktober 1985 zeichnet er dort als Delegierter des Verwaltungsrates. Gero Büttiker ist verheiratet und hat einen Sohn. In seiner Freizeit widmet er sich dem Wandern, der klassischen Musik und der Psychologie.

Thomas Coppetti
Marketingleiter der Netstal-Maschinen AG

Thomas Coppetti wurde am 4. September 1942 in Zürich geboren. Nach der Matura folgte 1961 bis 1966 das Studium an der Eidgenössischen Technischen Hochschule in Zürich mit dem Schlussdiplom an der Abteilung für Maschineningenieurwesen. 1966 bis 1969 war er an der ETH und am Abendtechnikum Zürich tätig. Die 1974 eingereichte Dissertation befasste sich mit Fragen der Regelung von Werkzeugmaschinen. Nach einer Tätigkeit als Entwicklungsleiter und technischer Leiter bei der Firma Netstal-Maschinen AG leitet Coppetti den Bereich Marketing. Thomas Coppetti ist mit Verena Coppetti-Meyer verheiratet und Vater von zwei Söhnen. Er interessiert sich für Kunst und Architektur, betätigt sich als Hobbykoch und treibt gern Sport.

Michael Funk
Generaldirektor und Konzernleiter der Oerlikon Bührle Holding AG, Neuenkirch

Michael Funk wurde am 19. Dezember 1941 geboren. Nach der Matura studierte er an der ETH Zürich, wo er 1966 als Diplomingenieur abschloss. Nach Tätigkeiten bei Contraves, Fides und in der BRD trat er 1971 in die Oerlikon Bührle Holding AG ein. 1975 übernahm er die Leitung der Stabsabteilung Planung & Organisation, 1980/81 jene des Produktebereiches Kanonenfliegerabwehr. Nachdem er 1982 bis 1988 die Konzerngruppe Wehrtechnik leitete, wurde er Mitte 1988 Generaldirektor der Oerlikon Bührle Holding AG. Michael Funk ist verheiratet und hat zwei Kinder. Er treibt gern Sport und sammelt mechanische Musikinstrumente.

Michael Hilti
Mitglied des Vorstandes und stellvertretender Vorstandsvorsitzender der Hilti AG, Schaan

Michael M. Hilti wurde am 14. November 1946 geboren. Nach der Matura an der Kantonsschule Trogen studierte er an der Hochschule St. Gallen Betriebswirtschaft. Nach dem Lizenziat 1972 arbeitete er bei der Chase Manhattan Bank in London (Credit Course), bevor er in die Hilti AG eintrat. Seit 1977 ist er Vorstandsmitglied mit besonderem Schwerpunkt Verkauf und Marketing, seit 1989 stellvertretender Vorsitzender der Konzernleitung und Vorsitzender des Konzernbereiches Befestigungs- und Abbautechnik. Michael M. Hilti ist mit einer Baslerin verheiratet und stolzer Vater einer zweijährigen Tochter. Er versucht, Privatleben und Geschäft so gut wie möglich zu trennen, und findet neben der Familie auch durch vielfältige kulturelle und sportliche Interessen die notwendige Erholung. In den letzten Jahren ist er besonders dem Golfsport verfallen.

Gerry Leumann
Delegierter des Verwaltungsrates der Ebnöther Holding AG, Neuenkirch

Gerry Leumann, 1944 in Zürich geboren, stiess 1973 als Marketingleiter zur international im chemisch-technischen Bereich tätigen Ebnöther-Gruppe. Er richtete in der Folge die produktorientierte Unternehmensgruppe konsequent auf den Markt aus. Seit 1978 Hauptaktionär von Ebnöther, leitet er die Gruppe als Delegierter des Verwaltungsrates der Ebnöther Holding AG. Seit einiger Zeit nimmt er seine unternehmerischen Interessen aber in wachsendem Masse auch ausserhalb der Gruppe wahr.

Gerry Leumann wohnt mit seiner Frau Helen Leumann-Würsch und den drei Kindern in Meggen. Er gilt als Vielleser und als engagierter Referent in Fragen von Führung und Marketing. Er publiziert gelegentlich. Seine besonderen Interessen liegen im Bereich der marktorientierten Unternehmensführung und der Unternehmenskultur. Als durch und durch Liberalem liegt ihm die Wirtschaftspolitik mit Schwerpunkt Klein- und Mittelbetriebe am Herzen; er ist unter anderem Mitglied des Vorstandes der Zentralschweizerischen Handelskammer.

Dr. Reto E. Meier
Präsident des Verwaltungsrates der Walter Meier Holding AG, Zürich

Reto E. Meier wurde am 20. Januar 1943 in Zürich geboren. Das Studium der Betriebswirtschaft schloss er 1970 mit dem Doktorat ab. Nachdem er einige Jahre in leitender Funktion in der Maschinenindustrie tätig war, wurde er 1972 Präsident und Delegierter des Verwaltungsrates der Walter Meier AG (seit 1976 Walter Meier Holding AG). Daneben ist er in einer ganzen Reihe von Handels- und Wirtschaftsverbänden aktiv. Reto E. Meier ist verheiratet und hat zwei Kinder. Neben dem Sport pflegt er vor allem die moderne Malerei und Skulpturen. Auch dem modernen Jazz ist er zugetan.

Lukas Mühlemann
Geschäftsführender Direktor der McKinsey & Company Schweiz, Zürich

Lukas Mühlemann wurde am 26. Mai 1950 geboren. Seine Ausbildung absolvierte er an der Hochschule St. Gallen und an der Harvard Business School. Danach war er in der Schweiz und in den USA für IBM tätig. Seit 1977 zeichnet er als Senior Partner und Managing Director der Schweizer Niederlassungen von McKinsey & Company Schweiz. Lukas Mühlemann ist verheiratet und hat zwei Kinder. Seine Freizeit gilt vor allem seiner Familie, daneben dem Lesen, der Musik und dem Sport.

Dr. Roland Rasi
Generaldirektor der Schweizerischen Kreditanstalt, Zürich

Roland Rasi, Jahrgang 1945, wuchs in Basel auf und schloss sein Studium der Rechte an den Universitäten von Basel und Paris mit dem Doktorat und dem Anwaltsexamen ab. Seit 1975 bei der Schweizerischen Kreditanstalt, wurde er 1987 in die Generaldirektion berufen, wo er für den Bereich der Logistik (Personal, Sicherheitsdienst, Produktion und Dienste, Bau und Liegenschaften, Marketing) mitverantwortlich ist. Roland Rasi wohnt mit seiner Frau, drei Kindern und einem Hund in Bottmingen BL. Er ist Liebhaber und Sammler moderner Schweizer Kunst. Derzeit ist er Präsident der Ausstellungskommission des Kunsthauses Zürich. Ganz wichtig ist ihm der Ausgleich zum Beruf, den er vor allem in seiner Familie, aber auch in Musik und Literatur und besonders in der sportlichen Betätigung als Jogger, Velofahrer und Tennisspieler findet.

Wolfgang Schürer
Gründer und Leiter Internationales Management Symposium an der Hochschule St. Gallen

Wolfgang Schürer wurde am 14. September 1946 geboren. An der Hochschule St. Gallen studierte er Wirtschafts- und Sozialwissenschaften. An ebendieser Hochschule wirkte er von 1985 bis 1987 als Dozent für Fragen internationaler Unternehmungsführung. Bekannt wurde er vor allem als Gründer der St. Galler Managementgespräche und Delegierter des Stiftungsrates der St. Galler Stiftung für Internationale Studien. Unter anderem wirkt er als Mitglied des International Institute for Strategic Studies, London (IISS) und des United States Strategic Institute, Washington, D. C. Wolfgang Schürer ist verheiratet und hat zwei Kinder. Die Landschaft des Bodenseeraums liegt ihm besonders am Herzen. In seiner Freizeit sammelt er alte Bücher, vor allem zur Wirtschafts- und Gesellschaftstheorie.

Peter H. Schürmann
Mitglied der Gruppenleitung und des Verwaltungsrates der Wirz Partner Holding AG in Zürich, Direktor und Mitarbeiter der Wirz Public Relations AG.

Peter H. Schürmann wurde 1948 in Zürich geboren, wo er auch die Primar- und Mittelschule besuchte. Journalistische Tätigkeit für Print- und elektronische Medien. Pressechef eines Schweizer Maschinenbau-Konzerns. Seit über zehn Jahren Managementberater von in- und ausländischen Unternehmensleitungen in Kommunikationsfragen. Zahlreiche Veröffentlichungen und Dozententätigkeit zum Themenbereich der Kommunikation als Führungsaufgabe. Lebt mit Frau, erwachsenem Sohn und Hund in Kilchberg, am Wochenende meist in den Glarner Bergen oder auf seinem Segelboot auf dem Zürichsee. Kann französischen Kriminalfilmen und italienischen Opern nicht widerstehen. Anhänger der Philosophen Popper und Mitscherlich. Hasst Gartenarbeit und liebt Burgunder Wein. Sammelt Grafik von Schweizer Konkreten.

Dr. Rudolf K. Sprüngli
Mitglied des Verwaltungsrates und der Geschäftsleitung der Lindt & Sprüngli AG, Kilchberg

Rudolf K. Sprüngli wurde am 11. April 1952 geboren. Nach der Matura studierte er an der Hochschule St. Gallen und schloss seine Ausbildung mit dem Doktorat ab. Im gleichen Jahr trat er in die Firma Lindt & Sprüngli AG ein. 1982 bis 1984 zeichnete er als Product Manager bei Perrier USA. Dann wechselte er in die Exportabteilung der Lindt & Sprüngli AG. Seit 1986 gehört er der Geschäftsleitung an. Rudolf K. Sprüngli ist verheiratet und hat drei Kinder. Er ist aktiver Jazz-Gitarrist und interessiert sich für alle Arten von Literatur sowie für fernöstliche Kampfeskünste.

Moritz Suter
Gründer der Crossair und Delegierter des Verwaltungsrates der Crossair AG, Basel

Moritz Suter wurde am 3. September 1943 in Basel geboren. Schon während der Schulzeit reifte in ihm der Wunsch, Pilot zu werden. Mit zwanzig Jahren verliess er die Schule und ging nach Afrika, wo er erste fliegerische Erfahrungen sammelte. 1965 begann er als Linienpilot bei Luxair, zwei Jahre später wurde er Co-Pilot bei der Swissair. Nachdem er 1974 zum Flugkapitän auf DC 9 befördert worden war, gründete er 1975 zusammen mit seinem Jugendfreund Peter Kalt die «Business Flyers Basel» (BFB). 1978 entwickelte sich daraus die Crossair.

Moritz Suter ist mit Brigitte Heimberg verheiratet und hat einen erwachsenen Sohn. Er ist ein Kenner und Liebhaber klassischer Musik, interessiert sich für Geschichte und Malerei, ist Zigarrenraucher und begeisterter Koch.

Beatrice Werhahn-Locher
Präsidentin und Delegierte des Verwaltungsrates der Raichle Sportschuh AG, Kreuzlingen

Beatrice Werhahn-Locher wurde am 31. Dezember 1949 in Altstätten SG geboren. Nach der Matura studierte sie an der Hochschule St. Gallen Betriebswirtschaft, absolvierte 1975 das Staatsexamen und trat unmittelbar danach in den elterlichen Stahlhandel ein, dessen Präsidium sie 1987 übernahm. Im August 1988, nach dem Unfalltod ihres Mannes, übernahm sie das Präsidium der Raichle Sportschuh AG.

Beatrice Werhahn-Locher hat zwei Töchter, mit denen sie den grössten Teil ihrer knapp bemessenen Freizeit verbringt. Weitere Interessen gelten verschiedenen Sportarten und dem Sammeln zeitgenössischer Kunst. Beatrice Werhahn-Locher ist Vorstandsmitglied des St. Galler Hochschulvereins und Mitglied der Kunstkommission der Hochschule St. Gallen.